児童養護施設の生活環境のダイナミクス

家庭で暮らせない子どもの育ちと職員の実践

山口季音 著

学文社

まえがき――家庭で暮らせない子どもと児童養護施設の生活

今日の日本は、家族に依存した社会だといわれている。

「子どもは、生まれた家族のなかで過ごし、成長していく」「家庭とは子どもにとってかけがえのない居場所である」。この社会では、これらの言説は何の疑問もない前提として受け入れられており、このような前提のもとで、さまざまな議論や制度設計がなされている。

しかし、現実には、家庭で暮らせない子どもたちが存在する。こうした子どもたちの存在は、とくに近年、「子どもの貧困」への注目と同時に焦点が当てられた。ときに貧困は、経済的な問題はもちろん、貧困に由来する保護者の虐待などの養育困難によって、子どもが家庭で暮らせない状況を作り出す。これらの家庭の状況が深刻であるほど、問題の解決には長い時間がかかる。その間、一定の数の子どもたちは、家庭を離れ、児童養護施設などの児童福祉施設や里親家庭で生活することになる。

ところが、この家庭で暮らせない子どもたちのことはあまり知られていない。貧困や虐待など、子どもたちがなぜ家庭で暮らせなくなったのか、という理由には、社会的な関心が向けられている。しかし、家庭で暮らせなくなった子どもたちが、どのような場所で生活し、育っているのかを多くの人々は知らないのではないだろうか。子どもが自身の生まれた家庭で暮らしていることが標準とみなされがちな社会では、家庭で暮らしていない子どもが、家庭以外でどのように生活しているかということは等閑視されてしまう。

このことは、子どもの貧困研究でも同様である。家庭や学校を対象として、貧困や虐待が子どもに与える影響は多く検証されている。しかし、家庭で暮らせない子どもの実態への目配りは必ずしも十分なものとはいえない。たとえば、学校教育研究では、子どもの教育達成を左右するものとして、私的な場における子どもの生活環境が問われてきた。そして、そこで扱われてきたのは、往々にして、家庭での生活環境のみであった。この社会のなかで、家庭の貧困ゆえに家庭で暮らせなくなった子どもがいる現状を見れば、子どもの私的な領域における生活を、いわゆる生育家族のみから論ずることは、貧困による子どもの困難を理解するためには、不十分といわざるをえないだろう。

このように貧困や虐待の深刻な被害を受け、家庭で暮らせなくなった子どもたちの現状がよくわからないままだとすれば、それらの子どもの困難を改善しようとするどのような政策・支援も、十分な効果を発揮しないのではないだろうか。

本書は、こうした問題意識から、家庭で暮らせない子どもが生活する児童養護施設に焦点を当て、そこで子どもたちがどんな生活を営んでおり、その生活環境がどのように形成されているのかを調査し、家庭で暮らせない子どもの育ちの実態に迫ろうとするものである。

児童養護施設（以下、本書で「施設」と略して表記する場合には児童養護施設を指す）は、被虐待や経済的理由によって家庭で暮らすことが困難となった、おおよそ2歳から18歳までの子どもが暮らす児童福祉施設の一つであり、２０１８年時点で、全国で約2万5千人の子どもが暮らしている。

いま、児童養護施設における生活環境が問われている。貧困や児童虐待への注目が高まることで、施設への認知が増す一方、施設における多くの課題にも目が向けられるようになった。たとえば、施設の子どもが抱える困難への対策として、教育にかかわる支援の重要性が主張されており、そのことは「子供の貧困対策に関する大綱」においても提示されている（内閣府 2014：13）。しかし、施設の労働環境は過酷であり、そこで働く職員は、不安定な生活を送ってきた子どもへのケアで手一杯であり、教育にまでは手が回らない状態となってしまっている。子どもの貧困問題解決のためには、まずはこうした施設における子どもの生活環境の詳細を明らかにすることが重要な課題である。

児童養護施設では、子どもの暴力抑制や教育達成が課題であり、従来の研究においては、それらに対する支援がうまく進まないことが問題視され、そうした支援を阻む施設の構造的制約に焦点が当てられてきた。そして、子どもの暴力的なふるまいや「低学力・低学歴」といったある時点での結果でもって、施設の環境が否定的に判断されがちであった。しかし、それだけでは、子どもの支援に取り組む職員の能動的、主体的な側面が見落とされてしまっているのではないか。子どもの課題が解決できていないからといって、職員による支援がうまくいっていないとは限らない。子どもへの十分な支援が困難な条件のもとでも、職員は子どもの生活環境を支えようと試みており、それによってより深刻な状況が回避されているのかもしれない。現状の表面的な部分のみをもって、施設の生活環境の良し悪しをとらえるだけでは、そうした職員の試みやその効果が覆い隠されてしまう可能性がある。

さらに、従来の研究は、職員だけではなく、施設で生活する子どもの主体性にも十分に関心を払ってこなかったのではないか。施設の子どもに焦点を当てた研究では、子どもが施設の子ども集団に同調する側面や、子どもの生活状況が施設の支援体制の変化によって左右される側面などの問題が中心に描かれてきた。しかし、施設の環境のもとで翻弄されているかのように見える子どもにも、自身の生活環境をよりよいものにしようと日々主体的にふるまっている側面もあるのではないか。

このように、従来の研究が、施設の環境に対して子どもや職員を受動的な存在ととらえる傾向をもっていたのに対して、本書では、子どもと職員双方が、施設の生活環境を主体的に維持・改善している様子を明らかにすることを試みる。

児童養護施設は、子どもや職員にとって「家」と同義であるため研究上の接近が難しく、施設内部の実態に迫った実証研究はほんのわずかしかない（数少ない調査研究として、谷口（2011）や大塚（2011）など）。さらに、施設の生活環境について、当事者のインタビューを通して語られたものはいくつかあるものの、子ども同士や子どもと職員の相互作用に着目した研究はほとんどない。それに対して本書では、施設における生活をフィールドワークによって調査し、施設における子ども間および子どもと職員間の相互作用を分析することを通して、子どもや職員がどのように生活環境を形成しているのかの提示を試みることにした。このように、本書の試みは、児童養護施設における子どもの育ちを新たな側面から解明する重要な一歩となりうるものと考える。

本書は、全7章で構成されている。各章の概要は、以下の通りである。

第1章では、日本の貧困問題を概観し、「子どもの貧困と教育」研究の議論において、家庭で暮らせない子どもの生活が看過されがちであったことを指摘する。そして、子どもの貧困問題をより深く理解するため、そうした子どもが入所する児童養護施設の生活環境に着目する意義を詳細に述べていく。

第2章では、まず児童養護施設の概要を示す。続いて、従来の児童養護施設研究では、施設の構造的制約がいかに子どもの支援を阻んでいるのかという側面に主な焦点が当てられてきたことを示す。それに対して本書では、施設における子どもの育ちを解明するためには、子どもや職員が主体的に施設の生活環境を維持・改善している側面にも目を向ける必要があることを指摘する。

第3章では、本書で用いるデータを収集するために行われた調査の概要を述べる。ここでは、調査を実施した児童養護施設の概要だけではなく、筆者の立場や子どもとの関係もあわせて説明を行う。

第4章では、児童養護施設内の子ども間暴力に焦点を当てる。まず、量的調査による施設での子どもの暴力の傾向を提示した後、フィールドワークから得られたデータに基づいて、子ども集団の仲間文化の観点から、暴力が発生する背景に迫る。

第5章では、子どもの学習について論じる。本研究で調査を実施した児童養護施設の子どもの学習状況や、支援体制、そして職員の学習支援を阻む構造的制約を述べる。そのうえで、構造的制約のもとでの施設の学習環境の有りようを示していく。

第6章では、児童養護施設職員の職務達成の様子を描く。職員が日々の実践課題にどう対処しているのかを明らかにするため、職員の職務を「ジェンダー・ステレオタイプの使用」という観点から考察し、職員の実践には「即興の支援」とでもいうべき側面があることを指摘する。

最後に第7章では、本書の知見をまとめ、結論を述べる。そのうえで、教育研究および児童福祉研究に与えるインプリケーションを述べる。加えて、本研究の知見をもとに、貧困の世代間再生産の観点から考察を行う。

本書が、児童養護施設の生活や課題、そして家庭で暮らせない子どもたちを取り巻く問題を理解する一助となれば幸いである。

山口　季音

2021年5月

目次

第1章　家庭で暮らせない子どもの育ちと貧困

第1節　子どもの育ちと貧困問題

1　子どもの育ちをとらえる社会学的視点

まず、本書が子どもの育ちのどのような側面に着目しているのか、基本的な認識を示していきたい。本書は、子どもの育ちを社会学的な観点からとらえるものである。ここでいう「社会学的」とは、子どもの育っていく過程における他者との相互作用の側面に主眼を置くことを意味する。一般に、子どもの育ちを考える際には、「発達」という観点が主流だと思われる。しかし、社会学では、発達概念はどちらかといえば「個人」やその心理面に焦点を当てるものとされ、本書で着目する他者との相互作用については、古くは「社会化」概念によって説明されてきた。以下では、社会化論やそれをめぐる議論を検討することを通じて、子どもの育ちの社会学的な分析とは何かを論じる。

子どもの社会化とは、子どもが学校や家庭において社会で求められる役割を理解し、ルールや規範を学んでいくプロセスを意味している。社会化論では、子どもが学んでいる期待や役割とともに、それを伝える存在（社会化エージェント）にも目を向ける。すなわち、学校や家庭で規範やルールがいかにして、どのような形で生活のなかで伝達されるのか、そしてそれを子どもがどう内面化していくのかが、社会化論のポイントとなる。たとえば、性役割の社会化論では、学校や家庭、マスメディアにおいて、「男性の役割」「女性の役割」がどのような形で子どもに伝達されているのかに焦点を当てるのである。

社会化論で指摘されてきたように、子どもは、家族や仲間など集団のなかでさまざまな規範を獲得し、成長していく。本書では、子どもの育ちのこのような側面に着目する。

ただし、社会化論は不十分な点も指摘されてきた。それは、子どもが大人のメッセージを受動的に受け取る存在としてとらえられがちという点である。先述した性役割の社会化論でいえば、子どもは大人から伝えられる「男性の役割」や「女性の役割」をそのまま受け入れて成長するとは限らない。子ども自身が、役割を拒否したり役割の内容を変化させたりと、役割に対して主体的に働きかけることもある。

こうして、社会化論に対して、規範の内面化に着目するのではなく、相互作用を通した規範の形成という社会構築主義的な立場から、子どもの相互作用によって生まれる子ども集団のメッセージに着目する研究もみられる。たとえば、藤田由美子は、幼児期の子どもの観察を通して、子どもがジェンダーにかかわる規範をただ引き受けるのではなく、子どもたち自身が、遊びを通して積極的に「男」「女」の二元的なカテゴリーを構築することを示している（藤田 2004）。また、片田孫朝日は、学童保育の男子集団に着目し、男の子たちが、同性の仲間同士で競い合いや攻撃的なふるまいを仲間文化として作り上げ、彼らなりのジェンダー／男らしさを作り上げる様子を描いている（片田孫 2014）。

以上のように、子どもの育ちを社会学的に分析するとは、子どもが育つ環境において他者がどのような規範や文化を伝達しており、それに対して子どもがどのように対応しているのかを考察することである。

しかし、社会化論をはじめとする子どもの育ちを社会学的に分析する研究では、近年になるまで貧困にあまり焦点を当ててこなかった。それらの研究においては、学校以外で子どもが生活する典型的な場所として、一般家庭のみが想定され、貧困家庭やその子どもの生活には十分な検討が加えられてこなかった。本研究の主題となる「家庭で暮らせない」子どもの生活について、特に、このような視点での先駆的な研究として、田中理絵による子どもの社会化と家族崩壊の研究（田中 2004）がある。田中は、「家族崩壊」を経験した子どもの社会化に着目し、児童養護施設を退所した者へのインタビュー調査から家庭外での社会化過程に迫っている。そこでは、家族崩壊を経験した子どもは「社会化の失敗」として論じられてきたことが指摘されている。しかし、田中の研究は、施設を退所した者へのインタビュー・データに基づくものであり、施設内での相互作用というよりも、個人のアイデンティティに焦点が当てられている。施設の生活実態を明らかにするという本書の目的によれば、より施設内の文脈に即して、子どもや職員の相互作用に着目した研究を行う必要がある。

このように本書は、子どもの貧困問題の一つとして「家庭で暮らせない」子どもの育ちを社会学的にとらえようとするものである。そのため、本節では、貧困という問題のとらえ方を論じ、学校教育研究や福祉研究において、「子どもの貧困」が子どもに与える影響を検討した議論をみていきたい。

2　貧困問題をどうとらえるか

貧困問題というと、一般的には、金銭面で窮乏し生活が困難になった状態、という意味での所得の問題として考えられがちである。この意味では、少なくとも生活することができる状態の場合、それは貧困とはみなされないことになる。しかし現在の貧困概念は、貧困を生存のための所得の側面のみならず、生活できる程度の所得はあっても生活水準が他者と比較して劣悪なものであったり、必要最低限の社会参加しかできなかったりするという側面からもとらえるものとなっている。このような区別は、「絶対的貧困（absolute poverty）」と「相対的貧困（relative poverty）」と説明される。

貧困状態を客観的に明らかにしようと試みる研究での、生存を維持できるか否かという基準に基づく「絶対的な」貧困のとらえ方に対して、貧困の相対的な側面を主張した代表的な研究者がイギリスの貧困研究者P・タウンゼントである（Townsend 1974, 1975）。第二次世界大戦後、イギリスでは経済成長や福祉政策の充実により貧困は消滅したといわれ、それまでにあった貧困への社会的関心はなくなっていった。しかし１９６０年代、「貧困の再発見」がなされた。この貧困の「再発見」において、タウンゼントが提起した重要な概念が「相対的剥奪（relative deprivation）[1]」としての貧困である。相対的剥奪概念が提起されたことで、どのような状態を貧困とみなすのかという議論に、「絶対的貧困か相対的貧困か」の図式が生じた。絶対的貧困は、生存にかかわるため、貧困問題を考える際の中心となるものである。A・センは、飢餓と栄養失調を典型的な例として、貧困のとらえ方には「絶対的中核（absolutist core）」があるという（Sen 1983：158-159）。センは、相対的剥奪は貧困概念の唯一の基礎というわけではなく、絶対的剥奪（absolute dispossession）の観点からの分析を補完するものであると指摘している（Sen 1981＝2000：23-24）。R・リスターもまた、絶対的貧困と相対的貧困は、概念上の区別であり対立するものではないといい、貧困状態を理解するためには生存にかかわる所得の問題を中核としつつ、貧困の「象徴的・関係的な側面」にも目を向ける必要があるという（Lister 2004＝2011：22）。

今日、貧困の「関係的・象徴的な側面」も含めた議論がなされていることは、欧米の政策における「社会的排除」への関心に示されている。社会的排除とは、社会参加からの排除を指す概念である（岩田 2008：22-23）。この概念は、貧困により教育の機会を失った結果、雇用市場から排除されるような「プロセス」に注目する。政策上では、たとえばイギリスで「社会的排除対策室」（Social Exclusion Unit）が１９９７年に内閣府に設置されるに至っており、貧困問題は「貧困」と「社会的排除」とを組み合わせて語られることも多くなっている。社会的排除への注目の高まりは、貧困問題が単に生存にかかわる所得だけの問題ではないことを表している。

日本では、戦後「ボーダーライン層」といわれる低所得層が政策上問題視されていたが、その後の高度経済成長のなかで貧困が社会的な関心事ではなくなり、貧困研究そのものが「衰退」し、「流行遅れ」のものとなっていった（岩田 1995：311-313）。もちろん、社会保障や社会福祉などの領域で貧困の研究は続いていた（たとえば、江口 1979）。しかし「一億総中流」といわれていたように、貧困は社会問題ではなく一部の例外的問題とみなされていた。

ところが、1990年代から、経済のグローバル化にともなう産業構造の変化による非正規雇用の増加や雇用の不安定化を背景にして、若者が直面する雇用問題に注目が集まり、社会の格差や不平等が問題視されるようになる。さらに2000年代には、日本の貧困が一部の例外ではなく、社会問題として認識されるようになった（宮本 2002：部落解放・人権研究所編 2005など）。OECD加盟国を対象に示される相対的貧困率（等価可処分所得が全人口の中央値の半分未満の数値）の結果において、日本が国際的に高い水準という結果が示されたことも、貧困が社会問題化される要因となった。2008年にOECDが発表した貧困率の国際比較（OECD 2008）に基づき、日本の相対的貧困率14・9％（2003年時のもの）は、30カ国中27位であったことが報告されている（内閣府 2009：31）。

貧困が社会問題として認識されて以降、さまざまな政策や支援が実施されているが、相対的貧困率の数値自体はあまり変化がない。「国民生活基礎調査」によれば、2015年の調査では15・7％であった日本の相対的貧困率は、２０１８年の調査では15・4％と、わずかな改善にとどまっている。また、これまでの国民生活基礎調査では、日本ではひとり親家庭の5割以上が相対的に貧困状態ということも示され、ひとり親家庭の経済的困難が問題視されてきた。２０１５年の調査では50・8％だったひとり親家庭の相対的貧困率は、２０１８年の調査では48・1％と、こちらもやや改善がみられるものの、大きな変化はみられない（厚生労働省 2020：14）[2]。

貧困への関心の高まりから、貧困・低所得層の生活やそこにある困難にも社会的な関心がより示されるようになった。たとえば、ひとり親家庭の多くがシングルマザーの家庭であることから、母子家庭の「貧困」とその再生産を防ぐ対策が求められており（湯澤 2009）、低所得かつ不安定な仕事につかざるをえない実態が報告されている（赤石 2014など）。この他にも、ホームレスや生活保護世帯への関心の高まりなど、さまざまな立場の人々の貧困や社会的排除の実態が明らかにされている。２０１２年には、政府のプロジェクトによって、若年層の社会的排除に至るプロセスの事例が示された。そこでは、高校中退者や非正規雇用の若者が社会的排除に至るプロセスを、①生まれつき本人がもつ「生きづらさ」から排除へとつながるケース、②劣悪な家庭環境の影響が排除へとつながるケース、③学校や職場などの環境により排除に追い込まれるケース、と三つに類型化している（社会的排除リスク調査チーム 2012）。こうした調査にみられるように、今日の日本における貧困は、単に所得の問題としてだけではなく、経済的困難を抱えることになった背景やそこに至る過程も含めた社会問題として認識されるようになっているのである。

3　子どもの貧困への注目

このように貧困研究では、相対的な貧困観という新たな視点が組み込まれるようになった。こうした貧困をめぐる諸問題において、「子どもの貧困」が一つの大きなテーマとなっている。子どもの貧困をめぐる問題は、近年、社会問題として認識されるようになった。[3] 子どもの貧困の実態報告も多数出版されている（たとえば、藤本・制度研編 2009：青砥 2009：保坂・池谷 2012：新井 2014：朝日新聞取材班 2018）。２０１３年には「子どもの貧困対策法」が可決成立し、翌２０１４年８月、その大綱が示されている。２０１９年11月には、それまでの成果や課題を受けて新たな大綱が作成された。厚生労働省の「国民生活基礎調査」では、２０１２年18歳未満の子どもが住む家庭の相対的貧困率は16・３％と過去で最も高く（厚生労働省 2014）、子どもの貧困問題への関心を一気に高めた。なお、子どもの貧困にかかわる政策による支援が増えたこともあってか、２０１５年には13・９％、２０１８年には13・５％と減少傾向にある（厚生労働省 2020：14）[4]。

子どもの貧困には、研究上の注目も集まっている。イギリスの子どもへのインタビュー調査から、子どもの貧困に迫ったT・リッジは、これまでも貧困と子どもを結びつけて論じる研究はあったが、そうした研究では子ども自身の経験に対する着目が不十分であったという。リッジによれば、子どもの貧困と社会的排除の経験について、子どもの貧困への着眼点は、大まかに分ければ二つあげられる。一つは、「将来の市民や労働者としての子ども」への関心である。もう一つは、「現在の子どもの貧困や剥奪の経験」への関心である。この両者は当然関連している。子どもの貧困にともなう現在の社会的排除の経験は、やがて子どもの将来の不利にもつながると思われるからである。そのうえでリッジは、後者への注目の少なさを指摘している。つまり、従来の貧困研究は、子どもの存在を大人が貧困に陥る要因としてとらえるか、あるいは貧困による子どもの将来の困難に着目するあまり、いま貧困状態にある子どもが貧困やそれにともなう社会的排除の経験をどう理解しているのかにそれほど目を向けてこなかったのである（Ridge 2002＝2010：73）。

日本においても、子どもの貧困が見えにくくなる状況があるといわれる。日本では、社会政策上、子どもを養育する責任を家庭のみに求めてきた（青木 2003：18–19）。松本伊智朗は、子どもの養育を家庭のみの責任とすることには、子どもが被る貧困による社会的不利が見えにくくなる危うさがあるという。松本は、子どもの貧困が社会に存在する貧困の一側面であると述べ、「社会的に生み出され、家族を単位として立ち現れる貧困を、そこに生きる子どもを主体として把握し、子どもの育ちと人生に即してより具体的に理解するため」（松本 2008：16）に、子どもの貧困の用語が用いられるという。ただし、松本自身も言及しているように、子どもの貧困とは、すなわち子どもが生まれた家庭の貧困を意味している。このような区別は、「子どもの貧困」と「大人の貧困」のどちらを優先すべきかといった議論に陥る危険もあり、「子どもの貧困」と「大人の貧困」は実際には分けられるものではないことに注意が必要だろう（松本 2013：5）。子どもの貧困は、あくまで大人の抱える問題に偏りがちな貧困をめぐる議論において、子どもが経験する貧困問題にも目を向けさせるための用語なのである。

以下では、家庭や学校における子どもの貧困の実態報告や調査研究の知見をみていきたい。

貧困が子どもに与える負の影響は、さまざまな研究で指摘されている。それらの知見を大きく分けると、子どもが受ける貧困の影響は、「健康」と「教育」の点からとらえられている。

第一に、貧困が子どもの身体的あるいは心理的健康に与える影響である。２００８年に「保険証のない子ども」問題が話題を集めたことからもわかるように、貧困は、子どもが医療を受ける機会を制限し健康を悪化させる可能性がある。阿部彩は、厚生労働省の「21世紀出生児縦断調査」のデータを用いて子どもの健康格差を分析した自身の研究結果（阿部 2013）から、ぜんそくの通院率に貧困層とそうでない層の子どもの間で統計的に有意な差があることを明らかにし、貧困が子どもの健康に与える影響を示している（阿部 2014：14-20）。また、貧困が子どもの自己肯定感を奪うことも危惧されており、山野良一は、アメリカにおける調査研究を例として、貧困による家族のストレスが、子どもの心理面に悪影響を与える可能性を指摘する（山野 2008：166-174）。さらに、貧困は、保護者のネグレクトなど児童虐待を引き起こす要因になることもある（松本 2013：4）。児童虐待は、家庭の所得状況にかかわらずどこにでも起こりうるものだが、経済的に困難を抱えた家庭では、虐待が起こるリスクが高いといわれる（山野 2006）。児童相談所児童福祉司であった川松亮は、自身の勤務する東京都の児童相談所において２００３年度に受理した虐待相談の分析から、子どもが施設に入所する措置を取った比較的重度と予想されるケースのうち、７割近くが生活保護世帯であったことを明らかにしている（川松 2009：234-235）。全国児童相談所長会によって２００８年に行われた「全国児童相談所における虐待の実態調査」では、6764ケース中、不明・無回答をのぞく3985ケースのうち、被虐待児童の家庭の経済状況は、生活保護世帯が12・8%、住居税非課税世帯が11・7%であった（丸山2009）。この「全国児童相談所における虐待の実態調査」のデータの分析により、山野良一は、虐待問題を抱える母子世帯1360ケースのうち半数以上の50・3%が生活保護世帯であり、非課税世帯も27・9%であったと指摘している（山野 2017：49）。ここからは、とくに母子家庭で経済的問題と虐待発生のつながりが読み取れる。

貧困が子どもに与える負の影響の2番目は、貧困による教育的不利である。貧困は、子どもの教育機会を剥奪し、学力に大きな影響を与えることが予想される。貧困による教育的な不利は、低学歴による進路選択の制限をもたらし、貧困の連鎖・世代間再生産につながりうるものである。子ども期に受けた貧困の影響によって、大人となった後も親・保護者と同様の貧困状態に陥ってしまう貧困の世代間再生産は、以前から問題とされてきた。現在、統計的にも、家庭の経済状況と学力が関係していることが明らかにされている（赤林ほか 2011：耳塚 2014など）。また、学校での調査や子ども・若者、その家族への調査から、将来の展望が制限されていることや学習に集中できない家庭環境のために、経済的な困難を抱えた家庭の子どもの学習意欲が削がれている様子も明らかにされてきた（久冨編 1993：青木ら 1993：小西 2003：大橋 2008：盛満 2011：長谷川編 2014など）。

述べてきたように、貧困は子どもにさまざまな負の影響を与えることが指摘されており、各方面から対策が模索されている。そうした方策のなかで、教育による貧困対策に期待が集まっており、子どもの教育機会の平等を保障する主張が増している。２０１４年8月に閣議決定された「子供の貧困対策大綱」では、「教育の支援」が大きな柱に位置づけられており、それは２０１９年11月、新たに作成された大綱でも同様である（内閣府 2014, 2019)。

子どもの貧困と教育に注目が集まる流れのなか、子どもの貧困研究では、子どもが貧困状態のなかでどのような生活を送っているのかを理解し、貧困が子どもの教育機会や学力にどのような影響をもたらしているのかを明らかにしようとする研究がより求められている。

第2節では、日本における「子どもの貧困と教育」研究を概観し、それらの研究では、貧困による課題を抱えた子どもの教育に関してどのような議論がなされているのかをみていく。そのうえで、本書が取り組む課題を述べる。

第2節　「子どもの貧困と教育」研究の課題

1　貧困による子どもの不利が見えにくい学校

本節では、貧困が子どもの教育に与える影響について検討した研究を、「子どもの貧困と教育」研究としてまとめ、その課題を提示する。

これまで述べてきたように、日本において貧困による子どもの諸問題が顕在化しており、貧困状態にある子どもがどのような困難を抱えているのかが注目されている。そうした問題に対する政策の一つとして、「子供の貧困対策大綱」（内閣府 2014, 2019）では、教育の充実があげられているが、実施される対策をより有効なものとするためには、貧困による不利を抱えた子どもの教育課題を明らかにする必要がある。

子どもの貧困が教育に与える影響に焦点を当てた先駆的研究は、貧困状態にある世帯が多い同和地区の子ども・若者に対する調査研究（池田 1985；池田 2001；部落解放研究所 1996など）である。西田芳正は、大阪府内の同和地区で生活する人々に実施したインタビュー調査のデータから、教育達成のために合理的、禁欲的な生活を送るということになじまない同和地区の共同体の文化の存在を指摘する（西田 1996：211–213）。また、１９８０年代後半に行われた同和教育を実施する小中学校への調査結果をもとにした研究は、保護者の職業や学歴によって子どもへの教育的働きかけに違いがあること、そして家庭の生活背景の違いが学習の理解度に影響することを示している（池田 2001：147–148）。これらの研究は、同和地区での調査から世帯の低所得が子どもの学力の低さと関連していることを示し、子どもの学力保障のためには家庭への働きかけが重要と主張している。ここからは、学校現場において貧困状態にある子どもの発見と支援が重要であることがわかる。

ところが、学校現場では子どもの貧困が長い間問題視されていなかった。以下でみるように、子どもの貧困と教育に関する研究が示してきたことは、これまでいかに学校現場で子どもの貧困による教育的不利が見過ごされてきていたのかであった。

苅谷剛彦は、教師の間では、平等な処遇のために子どもの「差異」を考慮せず、貧困であっても子どもを「特別扱い」しない文化が存在しており、貧困による教育的不利が見逃されやすいという（苅谷 1995）。２０１０年代になると、貧困状態にある子ども・若者の学校生活や、そうした子どもたちに対する教師の実践を描く研究が多くみられるようになったが（たとえば、盛満 2011；西田 2012；知念 2018など）、すでに１９９０年代には子どもの貧困と教育にかかわる先駆的な調査が、久冨善之らによって行われていた（久冨編 1993）。

久冨らは、１９８９年から１９９２年の間に低所得者が集住する地域を調査し、生活保護あるいはひとり親家庭、学校、地域社会それぞれを調査し、子どもの貧困と教育が抱える課題を包括的に分析している。この調査研究で、久冨らは、生活が困難である家庭とそうでない家庭を同列に扱う競争的な学校システムを批判している。また、久冨らが調査を実施した低所得者集住地域では、２００７年から２０１１年の間にさらなる調査が実施されている（長谷川裕編著 2014）。この調査研究では、学校の教師は生活困難層の課題を知識としては知っているものの、実際の現場で子どもがどのような困難を抱えているのかは見えていないと指摘している（山﨑 2014：358）。

盛満弥生は、低所得層の子どもが多い学校でエスノグラフィックな調査を行い、生活保護世帯の子どもの教育の困難を描いている。盛満によれば、生活保護世帯の子どもの多くは、学校の勉強についていけない「脱落」としての不登校を経験し、学習資源の少なさから低学力に陥っているという。盛満は、生活保護世帯の子どもが自身の家庭の経済的問題から将来の夢をもつことができず、学校生活で無気力感や、自分の夢を自由にもてないという意味での「天井感」を抱えていると指摘する。加えて、生活保護世帯は、親族から孤立している状態のため、同和地区の子ども以上に職業モデルの偏りや狭さが見られるのではないかという。しかし、子どもの貧困による不利に教師が個別で対応することはあっても、学校全体では問題となっておらず、子どもを「特別扱いしない」という学校文化が学校における子どもの貧困を見えなくしているという（盛満 2011）。こうして、従来の研究では、学校現場で子どもの貧困が見えにくく、教師が貧困家庭の子どもに対して十分な対応ができていないとしばしば指摘されている[5]。

2　貧困状態にある家庭の生活環境

「子どもの貧困と教育」研究では、学校教育とともに、貧困状態にある「家庭」の生活環境が中心的な課題となってきた。

そこでは、家庭の経済的困難が子どもの高校や大学への進学を阻んでいることが、たびたび言及されてきた。第1節で述べたように、日本の相対的貧困率において、ひとり親家庭のおおよそ半数が「貧困」とみなされる所得で生活しており、その経済的困難が示されている。これまでにさまざまな研究で、母子家庭をはじめとするひとり親家庭の子どもが抱える生活の困難と、それにともなう教育達成の困難が明らかにされてきた（青木 2003：稲葉 2011：神原 2014など）。たとえば、稲葉昭英（2011）は、2005年のSSM調査から、父親不在と子どもの教育達成の関連を分析し、家庭の経済状況を媒介として、母子世帯出身者の高校修了に格差がみられることを示している。さらに稲葉は、子どもの短大以上への進学率の格差は、必ずしも経済状態のみによるものではないことを示しており、その可能性の一つとして「子どもがなんらかの事情で学校生活にコミットせず、進学を自ら放棄している可能性」（稲葉 2011：250）を指摘している。

ひとり親家庭に限らず、貧困状態にある家庭の子どもが家庭の状況によって学習意欲を失い、低位な進路へと水路づけられる様子が子どもの貧困と学校体験を描いた質的研究で示唆されている。生育家庭で経済的困難を抱えたフリーターやニートの若者への調査では、経済的に困難を抱えた家庭で生活する子どもが早い段階で学校に適応できなくなり、学力向上や進学が難しくなる「環境としての家族」の問題が示されている（妻木 2005：41）。宮本（2005）も、同種の調査から、経済的に余裕のない家庭環境が、子どもの学習意欲や教育達成を阻んでいることを明らかにしている。ただし、このことは、保護者が子どもの教育に対して無関心だからとは限らない。久冨らの調査研究（久冨編 1993）では、子どもの教育達成に期待をかけ、熱心に教育を行う貧困・低所得層の家庭もみられる。

生活保護世帯における生活環境に着目し、生活保護世帯で子ども期を過ごした若者への調査研究においても、経済的困難から子どもが教育機会を得られない状況がみられる。そのような若者に対するインタビュー調査では、経済的な余裕がないために余暇活動や学校以外の学習経験を得られず、将来的な展望も制限されていること（大橋 2008）や、不安定な家庭生活のなかで子どもが学習よりも家事を優先するといった家庭生活への準拠を強めた結果、低位の進路を選択することが示されている（林 2016：195-197）。ここからは、経済的な困難のある家庭で育った子どもが、家庭の貧困を当たり前のものと受け入れてしまうことで、自身の状況に問題があると考えにくくなるのではないか、ということが示唆される。[6] 一方で、知念渉による、ひとり親家庭や生活保護家庭の生徒が多く在籍する高等学校の男子高校生への調査からは、経済的に厳しい家庭の文化が子どもの学校経験に与える影響の詳細が読み取れる。知念の調査研究では、〈ヤンチャな子ら〉と呼ばれる男子たちが、家庭の文化を背景にして反学校的な行動を繰り返しながらも、親の人生の困難を参考にして高校資格の必要性を認めているという点で、学校文化を積極的に異化しているわけでもない、「構造的なジレンマ」のなかに置かれた存在であることが示されている（知念 2018：88-89）。

これらの研究が明らかにしているように、貧困状態にある子どもの教育達成や学習意欲には、経済的な事情とともに、経済的に困難を抱えているがために教育に重きを置くことができない家庭の環境が大きく関与している。

以上、従来の研究では、学校教育の観点からは、学校において子どもの貧困に由来する教育的不利が見えにくく十分な支援がなされていないことと、家庭生活の観点からは、貧困状態の家庭環境が子どもの学習意欲の形成を阻害していることが指摘されている。

第3節　家庭で暮らせない子どもの生活環境——児童養護施設に着目して

1　子どもの私的領域における教育と生活

教育と社会階層に関する研究では、近年学校経験のみではなく、家庭生活での経験を加味した議論が展開されている。これまで家庭での教育的働きかけが出身階層による学習意欲の差を生み出しながら、学校での選抜のなかで階層が再生産されていくことが指摘されてきたが（小内 2005；苅谷 2012）、現代社会では、求められる能力が多元化する「ハイパー・メリトクラシー化」（本田 2005）が進行しているとされ、学校という公的な領域での教育に対する家庭教育という私的領域で行われる教育が選抜過程においてさらに重要となっている。海外の研究でも、ダンカンらは大規模なパネル調査を通して家庭の貧困が子どもに与える影響を実証的に分析し、幼児期の貧困がその後の子どもの発達に与える影響を示している（Duncan & Brooks-Gunn 1997）。また、家庭への参与観察を行い、ミドルクラスとワーキングクラスでの貧困家庭の子育て方法の違いを調査したA・ラリューは、階級による子育て方法の違いが、子どものふるまいに影響を与えることを論じている。ここでは、貧困家庭の子どもはミドルクラスの家庭の子どもと比べて社会で必要とされるふるまいを学んでおらず、学校での成功の経験にも違いがみられるという（Lareau 2011）。

このことを踏まえれば、貧困が「家庭教育」へいかなる影響を与えているのかを具体的に明らかにする必要があり、「子どもの貧困と教育」研究において、家庭での生活環境の検討は不可欠なものである。

このように、従来の子どもの貧困と教育に関する研究では、学校教育を公的領域とした場合の私的領域における教育は、家庭で行われることが前提とされている。しかし、私的領域での生活については、家庭だけではなく、家庭で暮らせない子どもが暮らす場も含めて論じる必要がある。なぜなら、貧困によって子どもが家庭で暮らせない状況が存在するからである。社会で一定数、家庭の貧困や貧困に由来する保護者からの虐待などの問題により、家庭で暮らせなくなった子どもがいることを踏まえれば、子どもにとっての私的領域での生活を「家庭」のみで論じていては、子どもの貧困の全体像への理解は不十分なものとならざるをえないだろう。

日本は「家族依存」の社会（青木 2003：14；西田 2011：198）といわれ、家族があることを前提に制度が設計される傾向があり、それは学校教育でも例外ではない。そのため、家庭での教育が重要とされるなか、家庭で暮らせない子どもの生活環境は、看過されがちになっている。さらに、「家庭で暮らせていない状態」そのものが例外的な状態と認識されることで、家族と暮らせていないことが問題のすべてのように提示されてしまい、家庭で暮らせない子どもの個別具体的な問題にまで関心が及びにくい。子どもの貧困の影響をより広くとらえるためには、家庭だけではなく、家庭で暮らせない子どもの生活に目を向ける必要がある。

2　児童養護施設への着目

このように、本書は、従来の研究では十分に解明されていない貧困に由来する子どもの課題に迫るため、児童養護施設という児童福祉の場に着目して、家庭で暮らせない子どもの生活環境を示そうとするものである。

詳しい解説は次章で行うが、児童養護施設は、貧困や虐待、親との死別などにより家庭で暮らせなくなった子どもを社会的に養護する児童福祉施設の一つである。施設の社会的認知は低いといわれてきたが、「子どもの貧困」や「児童虐待」への関心の高まりからその存在に人々の目が向きはじめている。２０１１年には、施設に匿名でランドセルを寄付する「タイガーマスク運動」によりその関心が高まったこともあった。２０１４年には、国際的な人権団体であるヒューマン・ライツ・ウォッチが、日本各地の施設の現状と課題を調査し、人権の観点からの包括的な提案を行っている（Human Rights Watch 2014）。

児童養護施設の子どもは一定の生活水準が保障されているが、施設で生活する以前の家庭生活においては貧困状態に置かれていた場合が多い。また、保護者から虐待を受けていた子どもも多く、他者との交流や家庭以外の場への参加の機会が制限されていた場合も少なくない。このように施設の子どもの多くは、なんらかの形で貧困の影響を受けてきた子どもたちであり、そうした子どもたちが抱える教育の課題を検討することは、「子どもの貧困と教育」研究において重要である。内閣府による「子供の貧困対策大綱」においても、施設などの子どもの学習・進学支援の必要性が指摘されている（内閣府 2019：10）。

児童養護施設で暮らす子どもは、被虐待経験に由来するトラウマや生活習慣の乱れといった課題をもち、親からの援助が期待できないために進学や自立に困難を抱えていることが、これまでも児童福祉研究からの問題提起や現場からの実践報告で明らかにされてきた（小川ほか編 1983：湯澤 1999：全国児童養護問題研究会編集委員会編 2009など）。児童福祉を対象とする調査研究以外でも、施設への注目は増している。たとえば、低所得者集住地域の調査研究において長谷川裕は、「家族を経由せず、子どもを直接支え、子どもの選択可能性を直接広げる政策と活動の提供」をする場の一つとして児童養護施設をあげている（長谷川 2014：23-24）。

「子どもの貧困と教育」研究において、児童養護施設への着目はほとんどなかった。その要因の一つとして、施設の社会的な知名度が低かったことがあげられるだろう。貧困や虐待で子どもが受けた被害こそメディアで報道されていても、被害を受けた子どものその後はあまり語られない状況があったと考えられる。加えて、１９６０年代以降、教育研究のなかで「貧困」が認識されにくかったこと（苅谷 1995：36-40：松本 2008：31-32）も、施設への着目が不十分である要因としてあげられる。これらの事情により、「子どもの貧困と教育」研究は、貧困によって家庭で暮らせない子どもが暮らす施設には、ほとんど目を向けてこなかった。

これまで述べてきた先行研究では、貧困による子どもの学校教育における諸課題の背景として、家庭の生活環境のみを論じる傾向にあった。つまり、家庭で暮らせない子どもの私的領域の生活環境は研究上空白部分となっている。この部分に焦点を当てるため、本書では、児童養護施設の生活の有りようを明らかにする。この試みは、貧困に由来する子どもの困難の解決・緩和を目指す議論が、より多角的なものとなることに寄与するといえるだろう。

次章では、児童養護施設がどのような制度に基づいたものであり、現状どのような課題を抱えているのかを解説した後、施設の生活環境を論じた先行研究を検討することで、本書の課題を明確にしていきたい。

〈注〉

（1）relative deprivation の和訳は、「相対的剥奪」や「相対的収奪」など複数みられるが、本書では「相対的剥奪」で統一している。この「相対的剥奪」概念自体は、タウンゼントが用いる以前から多くの社会科学領域で用いられており（たとえば、Smith 1776＝1973：Merton 1949＝1961など）、タウンゼントの試みはそれを貧困研究の文脈に援用したものである（Townsend 1974＝1977：48）。

（2）2018年の国民生活基礎調査では、OECDの所得定義の新基準（可処分所得の算出に用いる拠出金の中に、新たに自動車税等及び企業年金・個人年金等を追加）に基づいた数値も公表された。基準が異なるためそれまでの数値と比較はできないが、新基準では、2018年の「相対的貧困率」は15・8％であった。また、新基準におけるひとり親家庭の相対的貧困率は、48・2％であった。

（3）もちろん、2000年代後半に日本社会で「子どもの貧困」が問題視される以前にも、貧困をめぐる子どもの問題は存在した。1950年代・1960年代の子どもの貧困を検討した相澤真一らの研究によれば、1950年代は、貧困が当たり前のものとされて語られにくく、さらに1960年代には多くの世帯の子どもが高校に進学するようになり、中卒就職者が少なくなるなかで、貧困がさらに語られなくなり不可視化され忘れられていったという（相澤ほか 2016）。

（4）2018年の国民生活基礎調査でのOECDの所得定義の新基準（可処分所得の算出に用いる拠出金の中に、新たに自動車税等及び企業年金・個人年金等を追加）に基づいた数値では、子どもの相対的貧困率は14・0%であった。

（5）この関心に基づけば、教師が、いかに子どもの貧困などを理解した対応を行うかが重要となる。志水宏吉らは、欧米において人種や階層・階級による学習困難を克服している学校に注目する「効果のある学校」論（Edmonds 1979）を参照しつつ、低所得層や貧困層の子どもも包摂するような学校に着目し、テストの点数といった学力以外も含めて子どもをエンパワメントする「力のある学校」の実践を描いている（志水 2003；志水編 2009）。また、こうした問題は、ニューカマーの子どもの研究でも指摘されてきた。ニューカマーの家庭の多くは、言語や文化の問題に加え、経済的な問題で子どもの学習に動員できる資源が少ないことが示されているが（たとえば、志水・清水編著 2001）、学校現場での子どもを「特別扱いしない」という文化がそうした子どもの教育的不利を見えにくくしているといわれる（志水 2002）。

（6）生育家庭の環境が貧困の連鎖を招くということは、家庭の文化的特徴に注目する「貧困の文化」（Lewis 1959＝1985）論で指摘されてきた。西田芳正は、「貧困の文化」論の見方には、社会的経済的要因を軽視する傾向があることに注意を促しつつ、「貧困・生活不安定層の生活を対象とする社会学的研究にとって『貧困の文化』は避けては通れないポイント」だといい、その生活背景を社会的・歴史的要因にまでさかのぼって理解することが必要だと指摘している（西田 2012：118–120）。

第2章 児童養護施設の子どもの生活環境はどのようにとらえられてきたのか

第1節 児童養護施設とは

1 児童養護施設

児童養護施設とは、被虐待や経済的理由などによって、家庭で暮らすことが困難となった子どもが措置される児童福祉施設の一つである。児童福祉法第41条では、「保護者のない児童、虐待されている児童その他環境上養護を要する児童を入所させて、これを養護し、あわせて退所した者に対する相談その他の自立のための援助を行うことを目的とする施設」と定められている。厚生労働省によると、2018年10月現在で611の施設があり、全国でおよそ2万5千人の子どもが生活している（厚生労働省 2019）。施設の対象は、乳児をのぞく18歳までの子どもである。ただし、とくに必要がある場合には、乳児の入所も可能であり、22歳まで延長することもある。

児童養護施設は、職員が保護者に代わって子どもと生活をともにし、子どもを養護する入所施設である。児童福祉の場で行われる子どもの養育は「社会的養護」といわれる。この社会的養護の形態は、「施設養護」と「家庭養護」に分けられる。

「施設養護」は、子どもが生活できる家庭の状況かそうでないかによって、「通所施設での養護」と「入所施設での養護」に区別される。保護者と子どもを分離するほどではないにしても、養育に困難を抱える場合には、在宅あるいは家庭から通ってサービスを受ける通所施設の利用となる。この通所養護の形態には、障害児通所支援における児童発達支援といった日中の療育やケアがある。保護者が養育に困難を抱え、子どもにとって家庭が生活をする場にならない場合、子どもと保護者を分離し子どもは施設で生活することになる。こうした入所養護の施設は、児童養護施設のほかに、乳児が入所することとなる乳児院、主に非行が原因として子どもが入所することになる児童自立支援施設などがある。

「家庭養護」は、主に里親家庭の養育を指している。里親以外にもファミリーホーム（小規模住居型児童養育事業）などがある。

入所養護において、子どもの児童養護施設の平均入所期間は、およそ5年とされる（厚生労働省子ども家庭局・厚生労働省社会援護局障害保健福祉部 2020：4）。子どもが長期間、施設で生活することに対する懸念は常に存在している。また、後述するように、現行の施設養護には、社会的養護を要する子ども個人のニーズに応えるうえで環境的・制度的課題があるとされ、家庭的な状況での子どもの養育のため里親委託が推進されている。「令和元年度　福祉行政報告例」では、２０１９年度末に施設や里親等に入所・委託されている子ども３万４７９１人のうち、里親およびファミリーホームに委託されている子どもの数は７４９２人であった。里親委託率は21・5％であり、社会的養護のなかで割合として低い水準となっている（厚生労働省子ども家庭局家庭福祉課 2021：24）。現状では、社会的養護を要する子どもの養護は、施設養護に依存している。[1]

児童養護施設に措置された子どもは、保護者がいない子どもばかりではなく、むしろ保護者が健在である者が多い。厚生労働省による「児童養護施設入所児童等調査結果」によれば、２０１８年２月１日現在、施設に入所した子どもの７割以上が、「帰省」「面会」「電話手紙連絡」いずれかの形で家族と交流している（厚生労働省子ども家庭局・厚生労働省社会援護局障害保健福祉部 2020：16）。そのため、職員には、子どもと家庭・保護者との関係の調整を行い、子どもが家庭復帰をできるよう支援することも求められている。ただし、上記の調査において約２割の子どもが家族との「交流なし」であり、子どもに保護者との交流がまったくないケースも少なくない。施設で暮らす子どもは、生まれてから乳児院、児童養護施設と措置され、18歳まで施設で育ち社会に出て行く場合もあれば、途中で措置解除（退所）となり家庭復帰することもある。したがって、職員には、親の代わりに子どもを養育する役割であったり、子どもと親とをつなぐ役割であったりと、多様な役割が求められている。

児童養護施設の制度的な特徴として、措置制度があげられる。なんらかの事情で要保護となった子どもを施設に入所させるかどうかは、子どもやその保護者が判断するのではなく、子どもおよび家庭の状況に関してさまざまな検討を経た結果、最終的に児童相談所の判断によって決定される。これが措置制度である。施設入所の理由は、子どもに代わって契約者となるはずの保護者が、養育のできない状態になったためであり、契約制度はなじまないと考えられる。このため、乳児院など他の入所施設での養護でも措置制度が採用されている。

また、児童虐待などにより、児童相談所の一時保護所で子どもを保護することになった場合、児童相談所を中心として子どもを家庭に戻すかどうかが議論され決定されるが、保護者が子どもの措置決定に同意しないこともある。その際には、児童相談所は家庭裁判所に承認を得たうえで、子どもを強制的に保護し施設に措置することになる（児童福祉法第28条）。

2 子どもの背景―児童虐待

子どもが児童養護施設などに措置される背景にある問題は、社会的養護問題といわれる。社会的養護問題とは、保護者が子どもを養育することが困難となり、子どもが不適切な環境で養育されている状態、あるいはそのおそれがある状態を指す。「養護児童等実態調査結果」（厚生省児童家庭局）および「児童養護施設入所児童等調査結果」（厚生労働省子ども家庭局・厚生労働省社会援護局障害保健福祉部）から、子どもが児童養護施設に措置される理由を見てみたい。

１９６１年の「養護児童等実態調査結果」では、「両親の死亡」が、21・４％で最も割合が高く、続いて「両親の行方不明」（18％）、「両親の離別（離婚）」（17・４％）、「父母の長期入院」（16・２％）であり、「虐待・酷使」は０・４％に過ぎない。この時期の調査では、各項目の父母別の数字は示されていないものの、７割以上が父母の両方あるいは片方の不在が入所理由を占めていることがうかがえる。１９７０年の結果では、「両親の死亡」および「両親の行方不明」については父母別の数字が出されており、「両親の死亡」は13・１％で、内、父の死亡が３・８％、母の死亡が７・６％、父母の死亡は１・７％である。「両親の行方不明」は27・５％（内、父６・５％、母15・１％、父母５・９％）となっている。

この傾向は、近年大きく変化した。「児童養護施設入所児童等調査結果」では、２０１８年、父母の数字を合わせた場合に最も割合が高いのは「虐待・酷使」の22・５％（内、父９・４％、母13・１％）であり、次に「放任・怠惰」の17・０％（内、父２・０％、母15・０％）、「精神疾患等」の15・６％（内、父０・８％、母14・８％）が続く。父母の数字を合わせない場合に、最も割合が高い項目は「母の放任・怠惰」の15・０％である。父母の不在に関連した項目は、「父の死亡」が０・５％、「母の死亡」が２・０％、「父の行方不明」０・２％、「母の行方不明」が２・６％となっている。なお、１９９２年から、「破産等の経済的理由」や「養育拒否」が追加され、「破産等の経済的理由」は、１９９２年の３・５％から２０１８年には４・９％に、「養育拒否」は、１９９２年の４・２％から２０１８年には５・４％へと増加している。

ただし、措置理由は、実際には一つではない。経済的な困難が虐待を引き起こすというように、相互に連関している場合が多い。厚生労働省の調査によると、児童養護施設に措置された子どものうち、なんらかの虐待を受けていた子どもの割合は65・6％とされている（厚生労働省子ども家庭局・厚生労働省社会援護局障害保健福祉部 2020：13）。

こうして、措置理由として被虐待の割合が増加した背景には、1990年代、児童虐待が社会問題化したことがあるとみられる。たびたび児童虐待死事件も報道され、児童虐待への社会的関心は増している（上野 1996：内田 2009）。1990年から調査が開始された児童虐待相談対応件数は年々増加し、現在は年10万件以上の相談が寄せられるようになった。また、虐待と一言でいっても、親をはじめとする保護者のあからさまな暴力だけではなく、保護者が過労により精神的に不安定となった結果虐待に至るなど、そのあり方は一様ではないという実態もルポなどにより報じられている（朝日新聞大阪本社編集局 2008など）。

原史子は、「親の行方不明、父母の離婚、父または母の入院、父または母の就労」など減少傾向にある措置理由それぞれが、必ずしも減少したということではなく、「施設入所に緊急的、直接的に結びつきやすい放任・怠惰、虐待・酷使などが、主たる入所理由として前面に出てきた」と指摘する（原 2005：51）。つまり、社会的養護において、何が問題とされるかの焦点が変化したのである。土屋敦（2014）は、児童養護の歴史的な資料から社会的養護問題の変遷を描き出している。戦後、浮浪児や孤児、捨児といった「家庭のない子ども」をめぐる問題が1960年代初頭以降徐々に終息していくにつれて、家庭環境の劣悪さを理由としたものに変化し、社会的養護の焦点は「家庭のない子ども」から「問題のある」家庭の問題へと移行していったという。

児童虐待への人々の関心はますます高まっている。２０１７年の児童福祉法改正において、児童虐待に対応する児童相談所のさらなる機能強化が盛り込まれた。さらに、２０１９年には児童福祉法、児童虐待防止法などを改正する法案が全会一致で可決成立し、そこでは保護者による体罰の禁止が法律上明記され、２０２０年4月に施行されている。

3　子どもの背景―貧困

児童虐待とともに、子どもが施設に措置される背景にある社会的養護問題の代表的なものが、「家庭の経済的な貧困」である。先にあげた入所理由では、主要な理由のみでカウントされているため、経済的問題にあたるものは「破産等の経済的理由」であり、その割合は、２０１８年の調査では全体の4・9%に過ぎない。しかし、児童養護施設の子どもの家庭背景に経済的な困難があることは、以前から指摘されている。小笠原裕次は、「養護問題は、親と子ども、家族問題としてたち現れるが、その本質は、すぐれて社会的問題であり、社会的貧困現象なのである」（小笠原 1975：8）という。

では、児童養護施設に措置された子どもの家庭の経済状況は、どのようなものなのだろうか。現在、その実態の全体像を統計的に描いたものはほとんどないが、データは古いものの、厚生省（当時）の雇用均等児童家庭局による全数調査「養護児童等実態調査」がある。これは全国の里親委託児童、養護施設の入所児童、乳児院及び母子寮の児童並びに保護者を対象とした調査である。１９８７年度まで、施設に措置された子どもの「現在の家庭の年間所得」が設けられていた。１９８７年度の「家庭の年間所得」（厚生統計協会 1989：45）では、調査時点での家庭の年間所得が１００万円未満の子どもの割合は、一般家庭の子どもが５・０％であるのに対して、施設の子どもは28・３％となっており、一般家庭の年間所得の状況とかなりの差があることがわかる。

近年でも、いくつかの児童養護施設を対象として、子どもの家庭の経済状況を調査する研究がみられる。増淵千保美は、２００４年から２００６年の間に2箇所の児童養護施設でケース記録を調査し、全84世帯のうち37世帯で生計中心者が無業者であることを示している（増淵 2008：166-169）。また、堀場純矢は２０００年から２００８年の間に六つの児童養護施設で実施した調査に基づき、保護者（１７１世帯・父母３５２名）のうち無職が３割近く（27・８％）で生活保護受給者も約１割（９・７％）であったと述べている（堀場 2013：74）[2]。これらの結果からは、上記の「養護児童等実態調査」で示された状況は、約20年にわたってあまり変化していないことがうかがえる。

4 児童養護施設の運営と職員設置の基準

児童養護施設は、その運営形態に応じて、大舎制（一つの建物につき子ども20人以上の生活）、中舎制

（13～19人）、小舎制（12人未満）と区別されている。これらが併用されている場合もある（長谷川編著 2009：19-20）。

児童養護施設においては集団生活が基本となっており、とくに「大舎制」は、施設の集団生活を代表する形態とされてきた。その大きな特徴は、一つの建物に子どもの居室、食堂、浴室や共同空間などが設置され、子どもが食事や入浴などの時間が定められたプログラムに基づいて生活している点にある。この施設の運営形態には、多くの子どもの行動を職員が統制しやすい面があるが、子ども個々人への対応が困難という課題がある。また、大舎制は、子どもの定員20人以上とされているが、各施設でその定員数は多様であり、20人程度が生活する施設もあれば、100人以上の子どもが生活する施設もある。以前は、全国の施設のうち7割以上が大舎制の形態であったが、厚生労働省によると、2011年3月時点で、その割合は約5割まで下がっている（厚生労働省 2011a：11）。これは、施設の小規模化が進んでいるからである。

近年では、児童養護施設での生活をより家庭的なものにするため、子どもの定員6人に対して2人の職員を基準とする地域小規模児童養護施設など、施設の小規模化を推進する「家庭的養護」の流れが強まっている。地域小規模児童養護施設は、施設の本体施設の敷地外に分園として設置される施設のことを指す（長谷川編著 2009：21）。厚生労働省は、将来的なビジョンとして、「小舎制化した児童養護施設」「ファミリーホーム」「里親委託」それぞれが三分の一ずつ社会的養護を要する子どもを担っていくことを示した（厚生労働省 2011b：41）。さらに、2017年7月には、「新しい社会的養育ビジョン」（厚生労働省 2017）が打ち出され、概ね5年以内に3歳未満の子どもの里親委託率75%を目指すなど、小規模化の動きはますます強まっている。

続いて、児童養護施設の運営基準では、0・1歳児1・6人につき職員1人、2歳児2人につき職員1人、満3歳以上の幼児4人につき職員1人、6歳以上の少年5・5人につき職員1人と定められている（児童福祉施設の設備及び運営に関する基準第42条第6項）。現在、措置費による加配で2歳児以外の職員配置の改善が図られており、0・1歳児は1・3人につき職員1人、3歳以上の幼児は3人につき職員1人、6歳以上の少年は4人につき職員1人となっている。

職員配置の基準による職員と子どもの人数比は、少しずつ改善されつつあるものの、職員の職務を全うするためには未だ不十分であると批判されている。また、職員の人数が不足することによる多忙で、職務に支障があるという問題とともに、職員自身の生活問題も指摘されている。以前は、施設で子どもとより深く交流するため、住み込みの形での勤務が重要とされていたが、職員にとって施設は「職場」であり、生活の場は他にある。そのため、「養育条件の向上」と「勤務条件の向上」との折り合いといった職員の生活の調整が課題とされている（児童養護研究会編 1994：200-201）[3]。

このように、子どもの集団生活を基本とした施設形態と職員の配置基準が、児童養護施設の特徴であり、施設の生活環境の構造的制約である。次項では、児童養護施設と職員の役割を、措置される子どもの背景と関連させながら述べる。

第2節　児童養護施設の目的とその実践

1　児童養護施設職員

児童養護施設に勤務する職員は、児童指導員や保育士といった直接子どもとかかわる職員（直接処遇職員）に加えて、事務員や調理員などさまざまである。だが、ここでは直接子どもとかかわる職員を中心に論じる。

児童養護施設職員は、不安定な生活による課題を抱えた子どもをケアし、養育し、その自立を支援することを期待されている。施設の子どもの多くが、施設措置前に不安定な家庭生活を送っていることから、特に被虐待児に対してどのようなケアが行われているのかが注目されている（山田 2002：黒田 2009など）。

児童養護施設での子どものケアは、生活を通して行われる「インケア」、子どもが退所した後の「アフターケア」、そして、アフターケアが開始される前の準備段階での「リービングケア」によって進められる（山縣 1989）。リービングケアとは、「退所に向けての取組み」であり、社会的養護のもとで生活する子どもが、高等学校卒業などにより退所する場合、あるいは家族と一緒に生活をすることになった場合の、退所に向けたケアプログラムとして行われるものである（山縣 2008：1–2）。児童福祉法においては、社会的養護の目的は「保護」「養護」などの、施設内でのケアに重きが置かれてきたが、１９９７年の児童福祉法改正によって子どもの自立支援が明確にされた（山縣 2012 : 126–127）。２００４年の児童福祉法改正では、児童福祉法第41条に「退所した者に対する相談その他の自立のための援助を行うこと」が新たに文言として設けられている。近年では、子どもが入所する前に、親と一緒に施設の説明を聞く、施設の見学をするといった対応もケアの一つといわれ、「アドミッションケア」と呼ばれている。

山縣文治は、児童養護施設など児童福祉施設の職員に求められる「専門性」として2点をあげている。

その一つは、「子どもの日常生活を社会との関係のなかで円滑に営むことを支援すること」である。すなわち、措置された子どもとともに日常生活を送ること自体が、職員の職務となる。山縣は「保護者でない人間が、本来なら非日常的な空間である施設で日常生活を保障する、あるいは失われた過去を含め再体験するという意味」で、職員の実践には高度な専門性が求められるという（山縣 2007 : 101）。家庭を離れた集団生活のなかで、子どもに日常生活を保障するということは、職員にとっては「職務」となるのである。

もう一つは、「利用者（子どもおよび家庭）の特殊性に対応する専門性」（同 : 101）である。施設に措置されるに至った子どもとその保護者・家庭は、多くの複雑な課題を抱えている。そうした課題への対応として、具体的には、子どもへの治療的機能や、家族援助機能、子どもの自立を支援するためのリービングケア機能やアフターケア機能があげられている。さらに、ショートステイなどの地域・子育て支援、里親への支援など、児童養護施設に求められる機能は、多岐に渡っている。このため、施設では、子どもや職員の心理的なケアを行う施設心理士や、子どもの家庭復帰や子どもと保護者の関係調整を目的として児童相談所などの機関と連携する家庭支援専門相談員（ファミリーソーシャルワーカー）といった専門的な機能を果たすための職員が置かれてもいる（同：101-102）。

以上のように、児童養護施設職員の職務には、子どもへの生活支援としての「ケアワーク」の側面と、より広い環境的・制度的な支援である「ソーシャルワーク」の側面の両方を見出すことができる。しかし、職員の職務において、何がケアワークで、何がソーシャルワークなのかを切り離して考えることは難しいともいわれる。伊藤嘉余子は、職員の役割について、ケアワークとソーシャルワークを包括した「レジデンシャル（施設）ワーク」の観点[4]からさまざまな論者の議論を統合している。そこでは、施設には子どもの「自立支援」のため、「養育・保護機能」をベースにして「教育」・「治療」・「家族援助」・「地域支援」といった機能があるという（伊藤 2007：45-46）。

これらの期待される機能と職員の職務とのつながりは個々の施設で異なると考えられるが、こうした役割を果たすことも職員の職務となっているのである。

多くの対応が求められていることを背景として、２０１２年３月には、厚生労働省の社会保障審議会児童部会社会的養護専門委員会において児童養護施設の運営方針が提示され、施設運営の質を向上させるため、社会的養護の専門性を踏まえた外部の第三者評価が義務づけられている（厚生労働省

2012)。

2 児童養護施設における自立支援と課題

児童養護施設では、職員が子どものニーズに合わせた養育を行い、その自立を支援している。しかし、子どもが施設を退所した後、職業への移行がうまくいかなかったり不安定な生活を送りがちであったりという長年の課題がある（武藤編著 2012）。

この児童養護施設退所者の社会的自立の困難は、貧困の世代間連鎖という文脈で指摘されてきた。北海道の施設を調査した松本伊智朗は、施設退所者が不安定な職業に就き、周囲の人間関係も希薄であることが多く、先行きが不透明であることから、施設退所者の生活状況を「袋小路的」であると指摘している（松本 1987）。松本の調査は、１９７０年代から１９８０年代の調査であるが、西田芳正らが２００６年に実施した施設退所者への調査でも、松本のいう「袋小路的」な状況はほとんど変わっていない（妻木 2011：143）。さらに、大阪で２００７年に実施された「若年不安定就労・不安定住所者聞き取り調査」（「ネットカフェ調査」）では、対象者１００名中、20代、30代が76名であり、76名のうち施設経験者が7名、推測も含めると10名に及ぶことが明らかにされた（釜々崎支援機構ら 2008）。こうして、施設の子どもが退所した後に直面する問題は、新聞などさまざまなメディアで取り上げられるようになり、自治体や支援団体の調査（東京都福祉保健局 2011やブリッジフォースマイル 2018など）

によって、「孤独感」や「金銭管理」に悩んでいることなど、施設退所者が抱える具体的な困難が明らかにされてきた。

施設退所者の不安定な生活状況は、量的な実証研究でも示されている。永野咲と有村大士は、2010年代に実施された四つの児童養護施設退所者への実態調査（東京都福祉保健局 2011：大阪市 2012：静岡県児童養護施設協議会 2012：埼玉県福祉部子ども安全課 2013）のデータを使用して、二次分析を行うとともに、施設代表者が退所者の生活状況を記入する二つの質問紙調査による一次データを総合的に分析することで、施設退所者の生活保護受給率が同年齢層（15-24歳）の18～19倍になることを示している（永野・有村 2014：37）。

施設退所後の問題を引き起こす原因の一つには、退所後も経済的に厳しく家族に頼れない場合がほとんどである子どもへの支援の少なさ、すなわち「退所後のアフターケア」の欠如があるとされる。施設の子どもは、退所後、進学あるいは住居を探す際に経済的な問題に直面する。このような状況において、子どもが施設退所後の生活に向けてアルバイトに追われることも多いという（坪井 2013：88）。

さらに、経済的支援とともに、人とのかかわりを継続させるという意味での支援も不足している。施設の子どもは、一定の年齢で施設から退所しなければならないが、家庭に復帰できるケースばかりではなく、退所後に孤立状態となるケースも多々ある。全国社会福祉協議会による施設退所者へのインタビュー調査では、退所後の困難として「孤立感」があげられることが最も多かったという（全国社会福祉協議会 2009：162）。東京都福祉保健局による質問紙調査では、施設退所後「まず困ったこと」

は、「孤独感、孤立感」が最も高く（29・6％）、その次に「金銭管理」（25・4％）、「生活費」（25・1％）と続いている（東京都福祉保健局 2011：16）。施設退所者は、このような状態において仕事を続けられなくなり、不安定な生活に陥ってしまいがちだという。こうした問題意識から、退所後のアフターケアの実態や支援のあり方が模索され（伊藤 2011）、施設退所後の子どもたちのための支援団体が立ち上げられてもいる[5]。

施設退所後の支援だけではなく、施設生活での支援の不十分さも指摘されている。児童養護施設は、被虐待など施設に措置される以前の不安定な生活を背景とした子どもの発達上の課題、職員配置の基準による子どもと職員の人数比や、職員の離職率の高さといった多くの課題を抱えており、職員が個別の子どもに向き合うことが難しい。それゆえ、子どもが施設から退所し、社会に出て行く準備を整えるための体制は十分なものとはいえない状況にある[6]。

児童養護施設でフィールドワークを実施し、施設の子どもの排除状態からの「脱出」に着目した谷口由希子の調査研究（谷口 2011）からは、子どもが施設内で安定した環境にいなければ、施設退所後も不安定な状況に陥りやすいことが示唆されている。また、永野咲は、先述した施設退所者の実態調査の分析（永野・有村 2014）や、施設退所者へのインタビュー調査を通して、子どもが経験する困難を描いている。永野によれば、施設生活が子どもの心身の安定や学習機会の保障につながる一方で、退所後の選択肢の少なさや家庭復帰後に起こる虐待によって、子どもが再び困難を抱えることにもなるという（永野 2017）。現在、施設の子どもは退所後の支援が少ないうえ、施設生活でも十分な支援を受けることが難しいために、退所後に社会的に排除された状態に陥る可能性が高いと考えられるのである。

次節では、児童養護施設の子どもが抱える課題について、施設の生活環境の特徴である集団生活という点から考察を行う。

第3節　児童養護施設研究における施設の集団生活の課題

1　児童養護施設における子どもの育ちへのまなざし

家庭で暮らせない子どもを養育する社会的役割を担ってきた児童養護施設であるが、その生活環境には負のイメージが付きまとっていた。その最たるものが、「ホスピタリズム」（施設病）である。ホスピタリズム論とは、主に欧米で盛んにみられた施設の環境が子どもの発達によくない影響を与えているという主張である。

戦後、社会的養護を要する子どものため、児童福祉施設は増加の一途をたどった。しかし、施設養護の養育環境の問題点は、あまり議論されていなかった。そのようななかで、１９５０年代以降、入所施設の生活は、子どもの心身の発達を妨げていると批判する声が挙がった（たとえば、堀 1955）。これは、１９５０年代、ホスピタリズム論争として社会的養護の場に大きな影響を残した。この施設養護への批判の内容は、科学的な因果関係が証明されたものではないが、後の施設養護のあり方や家庭的養護への着目につながったと評価されてもいる。というのも、こうした施設養護に対する批判に対して、より家庭的な養育を目指す動き以外にも、たとえば全国児童養護問題研究会において「集団主義的養護論」をもとに、協調性や社会性をはぐくむ点での集団養育の利点が議論されるなど（全国児童養護問題研究会 日本の児童養護と養問研半世紀の歩み編纂委員会編 2017）、従来の施設養護のあり方を発展させる議論が生じていったからである。

近年においても、施設養護における子どもの集団生活の是非をめぐり、子ども一人ひとりのニーズに対応しにくいといわれる「施設養護」ではなく、里親などでの「家庭養護」をより推進するべきという主張が強まっている。

児童養護施設の育ちの環境が問題視される主な背景として、子どもの集団生活にともなう課題が挙げられるだろう。以下では、これまでの研究のなかで、「施設の集団生活」についての課題がどのように言及されているのかを検討する。

課題となるものは、「子ども集団の同調性と逸脱」、「学習意欲を育みにくい学習環境」、そして、「施設における子どもの支援体制の不足」である。

2　子ども集団の同調性と逸脱

多くの児童養護施設研究で指摘されているのは、子どもが集団で生活することによる「負」の側面である。集団生活は、子ども同士で協調性やルールを学ぶことができると考えられるが、一方で、閉鎖的な環境において集団に同調しなければならない状況が作られやすい。さらに、子どもが集団で逸脱的な行為に走ることもある。

このような子ども集団が閉鎖的、逸脱的になりやすい傾向は、児童養護施設退所者へインタビュー調査を実施した田中理絵の研究（田中 2004）が分析している。田中は、１９９６年から２００２年にかけて実施した施設出身者へのインタビュー調査を通して、施設の子どもの適応過程を、E・ゴフマンの「第一次的調整」「第二次的調整」（Goffman 1961＝1984）を用いて説明する。まず、子どもたちは施設に措置され入所した後、施設の明示的あるいは暗黙のルールを理解し、それに従うことで施設の安定した生活に寄与する（第一次的調整）。子ども同士の人間関係に関しては、「児童養護施設の子どもとして団結する」（田中 2004：102）という暗黙のルールがあげられる。これは、施設に住んでいることで受けるいじめや偏見に対抗するためだという。田中は、施設の子ども同士の連帯は強く、子どもは集団からの孤立を避けるため、自分たちのルールを重んじ、たとえ悪いことであっても一緒に行動するか、黙認するのが普通だと、子どもにとっての子ども集団の重要性を指摘している（同：103）。しかし、施設の子どもは、施設の規則に従うだけではなく、そこから距離をおく試みも行う（第二次的調整）。それは、「部屋でお菓子を食べてはいけない」ルールを破るというような軽微な違反を行うことや、施設から「脱走」するといった根本的な変更を迫るものがある。さらに、子どもたちは、ときに脱走を怒られないように施設での不適切な養育を行政に訴えることもあるという。田中は、これを施設内での大人―子どもの上下関係の「切り札」と表現する（同：107–108）。

こうした行為は、職員の職務の困難を招くとともに、子ども集団の逸脱を促進させることもあると考えられる。たとえば、児童養護施設でフィールドワークを実施した谷口由希子は、子どもの自傷行為などが施設内で伝播していく点を指摘している（谷口 2011：158–163）。そうした子どもの集団は、ときに職員との力関係を変容させ、施設での養育を困難にする要因となるだろう。

児童養護施設は、子どもたちにとって学校のような公的な場とは異なり、プライベートな場である。そのため、施設生活での子ども同士の関係は、子どもにとって学校生活での友人関係以上に重要となる。これによって生じる問題の一つが、子ども同士の暴力を含んだ過度な上下関係である。施設退所者へのインタビューや手記のなかでは、この施設内での子ども同士の暴力的な関係が指摘されている（たとえば、『施設で育った子どもたちの語り』編集委員会 2012：全国社会福祉協議会 2009：133–135など）。

3 学習意欲を育みにくい学習環境

近年、児童養護施設の子どもの進学が社会的に注目されている。毎年、施設出身者の大学等への進学率は2割未満に留まっていること（厚生労働省子ども家庭局家庭福祉課 2021：124）や、子どもたちが経済的な困難を抱えていることから、子どもの貧困問題として子どもの進学への支援の必要性が主張されている。

子ども同士の関係性は、学習意欲に影響を与える。児童養護施設の子どもの多くには、「学習意欲の低さ」という課題があることが指摘されている（松本 1987：58）。施設の子どもの教育達成が社会的な関心事となり、支援が実施されているとしても、生活習慣の乱れなどの家庭の状況を背景として、大学等への進学率の低さといった課題以前に、学習意欲や学習への動機付けのない段階にある子どもがいるのである。

児童養護施設職員は、子どもの学力向上や学歴といった教育達成の課題以前に、不安定な家庭環境のもとにいた子どもに、どのようにして学習習慣を身につけるための支援ができるのかという課題を抱えている。家庭での生活が不安定であった子どもは、学習の遅れを抱えがちで、学校教育に適応しにくい状況にあるという（斉藤 2003：107）。厚生労働省による「児童養護施設入所児童等調査結果の概要（平成30年2月1日現在）」では、児童養護施設に入所している子どものうち学業状況が「すぐれている」が6・8％、「特に問題なし」が56・4％、「遅れがある」が36・5％で、「不詳」が0・3％という結果が示されており、4割近くの子どもが学業状況に遅れがあるとされている（厚生労働省子ども家庭局・厚生労働省社会援護局障害保健福祉部 2020：11）。

児童養護施設職員の榊原裕進らは、施設内で十分なケアをしていたとしても、子どもにとって平日の大半の時間を過ごす学校での授業時間が苦痛となっている問題を指摘する（榊原ら 2005：90）。学習どころではない家庭生活を過ごした子どもは、たとえ職員が学習機会を提供したとしても、その効果は薄い（榊原ら 2005：92）。学習意欲の低さや学校への適応の難しさは、子どもが学校を続けられるか否かを左右するのではないかと考えられる。全国児童養護施設協議会によって行われた調査では、２００５年度に高等学校に進学した施設の子どものうち、この年度内に中途退学した割合は７・６％であった（全国児童養護施設協議会 2006）。文部科学省の「児童生徒の問題行動等生徒指導上の諸問題に関する調査」による全国調査では、２００５年度内での高校1年生の中退者の割合は、３・４％であり（文部科学省 2006）、両者を比較すると施設の子どもの中退率は2倍以上である。また、全国児童養護施設協議会によると、２０１７年度に高等学校に進学した施設の子どものうち、進学後半年以内に中退した割合は３・５％であった（全国児童養護施設協議会 2018）。文部科学省の「平成29年度児童生徒の問題行動・不登校等生徒指導上の諸課題に関する調査」をみると、２０１７年度の高校1年生のうち、中退した割合は１・６％である（文部科学省 2018）。全国児童養護施設協議会の調査報告（2018）は、高校進学後半年までの中退率であり、文部科学省の調査との正確な比較はできない。しかし、施設の子どもの中退率が高校進学後半年時点で３・５％と、全国の高校1年生の中退率１・６％の倍以上であることをふまえると、少なくとも、さきほどみた２００５年度以降、施設の子どもの高校中退率と全国の高校中退率の差は改善されていないことが読み取れる。

高口明久ら（1993）は、１９８０年代に中国・近畿地方の児童養護施設を対象とした質問紙調査、複数の施設での子ども・職員へのインタビュー、個別の子どもの事例分析といった大規模な調査を実施し、定期試験の結果などから施設の子どもが「低学力」の傾向にあることを明らかにしつつ、「低学力」傾向は、家庭環境や子どもが家庭から施設生活へ適応することの難しさによって、子どもが学校に適応できないことを通じた結果であることを指摘している。

学習意欲の低さは、教育達成の問題につながるだけではなく、退所後の不安定な生活にもつながりうると考えられる。なぜなら、学習経験は単に教育達成のみならず、退所後の生活をどう送っているかを子ども自身が考える際にも重要となるからである（山本 2007：61）。志水宏吉は、日本で「学力」というと教育達成の側面が強調される傾向があるが、学力には、獲得した知識をどう生活のなかで活用できるか、あるいは生活をよりよくしていけるかという側面があることを指摘している（志水 1991：121）。このように考えるならば、子どもが学習意欲を形成、維持できる環境をどう作るのかは、子どもの生活保障や自立支援を目指すための喫緊の課題といえる。

4　施設における子どもの支援体制の不足

たとえ子どもたちの間で、逸脱的な集団が形成されていたり、児童養護施設の学習環境がうまく整っていなかったりしても、職員が支援によって介入する余地はあるだろう。しかし、子どもと職員の人数比や施設の業務の問題が、施設における支援体制の不足を招き、職員による支援の手が行き届かない事態を引き起こしている。

とくにこれまで議論されてきたことは、子どもと職員の人数比による支援体制の不足である。本章第1節で述べたように、児童養護施設の運営基準では、0・1歳児1・6人につき職員1人、2歳児2人につき職員1人、満3歳以上の幼児4人につき職員1人、6歳以上の少年5・5人につき職員1人と定められている（児童福祉施設の設備及び運営に関する基準第42条第6項）。単純にいえば、2人の職員で小学生以上の子ども11人と生活することとなる。措置費の加配による配置の改善によって、6歳以上の少年4人につき職員1人と考えても、2人の職員で子ども8人である。職員には、困難な背景を抱えた子ども一人ひとりに、細やかな対応をすることが求められている。だが、現行の職員と子どもの人数比では、そうした職務を果たすには不十分であり、職員への負担も非常に大きい。

現行の子どもと職員の人数比のもとで生じる困難には、単純な数字だけでは測れない部分もある。職員は、子どものケアだけでなく、日常のさまざまな業務を行わなければならない。たとえば、家事や事務作業、子どもの親との連絡や面談である。保育士や社会福祉士の実習を受け入れている場合には、実習生の指導も含まれる。このため、場面によっては、多くの職員が子どもに対応することができず、職員が単独で基準以上の子どもの世話をすることも少なくない。こうした状況は、職員の負担を大きくし、子どもへの支援を難しくする。

また、この問題は、職員が早くに離職してしまうことで促進されてしまうおそれがある。24時間体制である児童養護施設では、サービス残業が常態化しやすく、職員にとって過酷な労働環境であることが問題ともされている（堀場 2007：248-249）。それは施設の職員が、「2年目が中堅、3年目がベテラン」（木全 1996：159）といわれていることからもうかがえる。神奈川県にある民間の19の施設を対象とした調査では、毎年約20％もの職員が離職している実態が示されている（岡本 2000）。離職する職員が多いということは、職員にとって支援を達成することがより困難事態を引き起こし、子どもにとっても、顔見知りの職員が少なく、自らのニーズを伝える相手が制限されることを意味している。加えて、もしも職員が若手ばかりで、多くの子どもたちの方が施設で生活した期間が長ければ、職員よりも子どもが権威をもつことにもなりうる。子どもと職員の人数比や早期の離職は、こうした子どもへの支援体制の不足を招くのである。

第4節　児童養護施設の生活環境をとらえるエスノグラフィックなアプローチ

1　構造的制約のもとでのメンバーの主体性

みてきたように先行研究では、児童養護施設の子ども集団の負の影響や、それに対する支援の制約が指摘され、そのような生活環境において子どもの学習も阻害されていることが示されてきた。そうした先行研究の多くでは、子どもの暴力や「低学力・低学歴」傾向、支援が不十分であるという「結果」でもって、施設の環境に問題があると判断されがちであった。

しかし、集団的養護の議論でも指摘されているように、子どもの集団生活を前提とする施設の環境が、常に支援の障害となるわけではない。児童養護施設と文脈は異なるところもあるが、主に非行を理由とした子どもの入所施設である児童自立支援施設での調査研究において、藤間公太は、子どもの集団の関係性が子どもの将来への見通しや人間関係の学びにつながり、支援において大きな意味をもたらすことを指摘する（藤間 2017：95）。

ここに、本書の研究課題を見出すことができる。従来の研究では、児童養護施設の構造的制約のもとでの、子どもや職員による主体的な生活環境の維持・改善の取り組みが十分にとらえられていない。たしかに、施設の子どもの抱える課題はさまざまであるが、そもそも施設は、複雑な背景のある子どもをケアする場なのだから、課題が顕在化するのはある程度避けられないのではないか。たとえば、子どもが暴力的な関係を形成したり、教育達成が低かったりする状況であっても、職員による支援が不十分であるとは限らないのではないだろうか。「子どもの課題があること」のみをもって施設の環境の良し悪しを評価するだけでは、職員が構造的制約のもとに置かれているにもかかわらず、子どもを支援し、その生活環境を支えようとしていたとしても、そうした職員の試みやその効果が覆い隠されてしまう可能性がある。施設の子どもの育ちをより深く理解するためには、施設の生活環境がどのようなもので、どのように成り立っているのか、個々の施設の状況や場面場面での文脈を踏まえてみる必要があるだろう。

児童福祉研究において、児童養護施設内での文脈に迫る研究としては、谷口由希子の児童養護施設でのフィールドワークによる研究がある（谷口 2011）。谷口は、2年と10か月に及ぶ調査を通して、施設の子どもの生活過程を分析し、排除された状態にある子どもが施設に入所したことをもって「包摂」ととらえるだけでは不十分と指摘する。そして、施設生活とともに退所後の生活を含めて子どもたちの様子を検討し、子どもが施設生活で生活基盤を安定させ退所後もその状態が続くケースや、施設生活や退所後の生活がうまくいかず再び不安定な生活に至るケースなどのパターンを示している（同：60-61）。谷口の研究からは、子どもが施設のなかで安定した状態になっていく過程において、職員の援助を通して子どもが主体的に自身の発達課題を乗り越えていく様子が示されている（同：155-158）。

一方で、本書の着想は、援助が十全に達成されていないような状況であっても、その背後には、支援する側の職員はもちろん、子どもの側にも自身の生活環境をよりよいものにしようと試みる主体的な活動があるのではないか、というものである。このような主体性を浮かび上がらせるために、本書では、施設の子どもや職員が、場面場面で課題にどのように対処しているのかを描き出していきたい。次項では、そのために本書が採用するアプローチを解説する。

2　本書の分析視角

本書の目的を達成するため、教育社会学におけるエスノグラフィーのアプローチの知見を援用していきたい。教育社会学では、「学校という状況に拘束された教師及び生徒の相互作用の集積の結果として教育的現実を捉えること」（志水 1985：199）を意図したアプローチが用いられている。このアプローチは、解釈的アプローチと称されており、その特徴は「社会的相互作用や日常生活世界を研究するに際して、それが実際に生起している仕方に適合した方法をとろうとするところにある」（山村 1985：53）。つまり、場面場面の状況に左右される人々の解釈に着目し、実際の相互作用場面を記述することを通して、研究対象に迫ろうとする試みである。こうしたアプローチの背景には、教育社会学領域において、学校の児童生徒の家庭環境という「インプット」と教育達成という「アウトプット」のみに着目し、学校内部をブラックボックス化させていたという反省があり、1970年代以降、学校内部での文脈に即した相互作用の解明のための調査研究が促進されたのである（Karabel & Halsey eds. 1977＝1980：55–58）。

このアプローチを児童養護施設に適用し、施設内での成員間の相互作用において、そこで立ち現れる子どもや職員の言動から、施設内の生活環境がいかにして形成されるのかを明らかにすることで、単なる結果の良し悪しで判断するのではない、施設内部の相互作用に固有の文脈を導き出すことができると考えられる。

これまで教育社会学において、児童養護施設を調査した数少ない研究として、田中理絵の研究（田中 2004）があげられる。田中の研究は、一般的な家庭生活を想定する社会化論の問題点を指摘し、施設出身者がどのように社会化されていくのかを示したものである。しかし、退所した者へのインタビユー・データに基づくものであり、施設内での文脈に焦点が当てられているわけではない。また、田中の研究では、社会化過程の子どもの主体性は言及されているものの、基本的に家族崩壊や施設生活といった「普通ではない」経験を通じて、自身のスティグマを引き受けるようになることが示されている。そのため、施設内での構造的制約のもとで、子どもや職員が主体的に生活環境を維持したり改善したりする側面は示されていない。

児童養護施設の子どもおよび職員の主体的な生活環境の維持・改善の試みを描こうとするならば、施設内での子ども間および子どもと職員間の相互作用に着目し、施設の文脈に即した形で子どもの養育をめぐる困難がいかに立ち現れているのか、支援が困難な状況において職員が子どもの生活環境をどう支えようとしているのか、そのダイナミクスを描く必要がある。

そこで次章以降では、子ども集団内の暴力、学習、そして職員の支援に焦点を絞り、児童養護施設の子ども間および子どもと職員間の相互作用を分析することで、施設内の生活とそれを支える職員の実践を描く。そこから得られる知見は、教育研究および児童福祉研究のみならず、世代間の貧困再生産についても示唆を生むだろう。これらの点については終章で考察を行う。

3　エスノグラフィックな調査

本調査の目的は、児童養護施設内部での相互作用を分析することで、施設の生活環境がいかにして形成されているのかを示すことである。そのダイナミクスを浮き彫りにするうえで重要なことは、構造的な制約のもとで、子どもや職員がどのような意図をもって動きながら施設の生活環境が形作られているのかを描くことである。こうした目的をもつ本研究の調査方法を、エスノグラフィーの考え方を参考としながら示す。

エスノグラフィーとは、文化人類学を起源とする「フィールドワークに基づく文化の記述」（志水 2005：140）である。エスノグラフィーで記述を目指す「文化」とは、特定のフィールドにおいて生活している人々がつくりだす「意味」である。フィールドワークは「現場に固有の意味を明らかにし解釈する作業に関わるもの」（Emerson et al. 1995＝1998：46）とされ、調査では主に「認識やふるまいのパターン」、「全体的な理解」、「イーミック（emic・文化内在的）な視点」に着目する（Fetterman 2009）。イーミックな視点とは、「現場に固有の意味」（Emerson et al. 1995＝1998：46）を明らかにしようとするため、フィールドの人々の行為を説明する枠組みをあらかじめ設定するのではなく、実際に「どのような」行為が行われ、それに「どのような」意味が付与されているのかを判断する材料を調査で収集し、そのうえで研究者がデータを解釈し提示しようとする視点である。

エスノグラフィーの手法においては、調査者は研究対象をより深く詳細に調査するため、少数のフィールドを長期にわたって観察し、必要があればインタビューとドキュメントの分析を組み込む（Flick 2009＝2011：285）。このようにエスノグラフィーでは、観察調査を中心として可能な限りさまざまな手段によりフィールドの情報を収集し、フィールドの成員の認識や振る舞いのパターンを把握することを試みる。またその際、調査対象の文化の「奇異な面を取り上げるというよりも、その場においては当然とされ意識されずになされているしぐさ、語り方等々」「日々繰り返される活動」に着目し、その活動にどのような意味が付与されているのかを明らかにしようとする（酒井 1998：228）。

エスノグラフィーでは「個別的な生活世界の意味をその脈絡に沿って帰納的に把握することが重要な課題」（古賀 1998：10）とされ、フィールドで生じているさまざまな相互作用にどんな意味があるのかを、その場面のみを切り取って考えるのではなく生活全体の構造からとらえることが目指される。エスノグラフィーという研究手法において、フィールドをめぐる諸問題を検討する際に重要なことは、フィールドの「脈絡」を把握し、それとの関連で諸問題を考察することにある。

このエスノグラフィックな調査では、先述の「イーミックな視点」が強調される。たとえば、学校教育研究のエスノグラフィックな調査では、フィールド上の問題への理解は、以下のように説明される。新任教師が経験する指導上の困難が「児童生徒理解の不足」とみなされる場合、エスノグラファーには、「授業がうまくいかないことと児童生徒理解の不足をいったん切り離し」、指導上の困難がなぜ生じているのか、その場の状況とともに成員の行為にどのような意味が付与されているのかを明らかにし、「当事者の抱えている困難の質を吟味し直す作業」が求められるのである（酒井 2014：44）。

以上の観点は、児童養護施設の子ども間や子どもと職員間で日々どのような相互作用が生じており、職員が構造的制約のなかでどのような意図で子どもに対応しようと試みているのかを描き出すうえで有用である。本章で述べた、職員配置の基準による子どもの人数に対する職員の人数の少なさという施設の構造的制約は、職員や子どもの行為を条件づけている。しかし、成員が条件付けられた自らの行為をどう理解し、それにいかなる意味を付与して活動しているのかは、ミクロな相互作用場面の分析を通じて詳細に明らかにする必要がある。

さらに、エスノグラフィーが、文化人類学の方法論から発展したものということを踏まえれば、エスノグラフィーによる教育研究の課題の一つは、「他の社会における教育や人々の営みへの理解を深めると同時に、われわれ自身の教育の営みやわれわれ自身の生のありように再考を迫ることにある」(酒井 1997：87)。児童養護施設という日本社会で古くから存在していたにもかかわらず、教育研究でほとんど語られてこなかった施設の生活環境形成のダイナミクスを理解しようとする本研究に、エスノグラフィーは適切な手法といえるだろう。

なお、エスノグラフィーでは、フィールドの文化の全体像を描き出すことを目的とすることもあれば、フィールドの文化の特定の側面をより詳細に描き出すことを目的とする場合もある。この二つを志水宏吉は「包括的なエスノグラフィー」と「個別的なエスノグラフィー」とに区別している(志水2005：142-143)。本研究の調査手法は、その対象を児童養護施設での生活環境に絞っているという点で「個別的なエスノグラフィー」といえる。

次章では、本書の分析対象となる児童養護施設水原園の概要を示す。

〈注〉

（1）津崎哲雄は、日本の里親制度が十分に機能していない背景として、委託を判断する児童相談所の設置数の少なさや、児童相談所の機能が「過剰多機能」となっており、里親委託を推進できない状況であることをあげている（津崎 2009：141-145）。

（2）ただし、堀場（2013）の調査は171世帯（うちひとり親家庭100世帯）への調査だが、就労状況の割合を「父母（352名）」のうちの割合で示している。そのため、171世帯の就労状況の割合は明らかではなく、同世帯のデータが二重にカウントされている可能性があることに留意が必要である。なお、世帯数と父母の数が一致しないのは、実父・実母と養父母の情報が混在している世帯が含まれていることによる（堀場 2013：98）

（3）たとえば、女性職員の働きづらさが指摘されている。伊藤嘉余子は、児童養護施設職員への質問紙調査により職場での問題意識を考察し、職員のストレスに関して男女で統計的な差はみられなかったものの、自由記述の回答には女性が出産や育児でやめざるをえない施設の職場環境や、女性は「長く働けないという暗黙の了解」女性ならではの語りがみられたという。ただし、女性職員よりも数は少ないながらも、現在の施設の給与体制では家庭を養えない、といった男性職員により特徴的とみられる自由記述の回答もみられる（伊藤 2007：112-113）。

（4）クロウは、レジデンシャルワークの特質として、「スタッフの仕事の多くが他のスタッフや入居者の面前で遂行されること」「スタッフの仕事は、グループとしてであれ、ユニットとしてであれ、多くのスタッフによって遂行されていること」「その仕事の多くには完成というものがない」ことをあげている（Clough 2000＝2002：30-31）。

（5）児童養護施設退所者のための当事者団体としては、大阪府に事務局を置くCVV（Children's View & Voice）や、東京都に所在地のあるＮＰＯ法人「日向ぼっこ」などがある。

（6）これらの現状を受け、２００８年、社会福祉法人全国社会福祉協議会児童福祉部を実施主体として、「社会的養護を必要とする児童の発達・養育過程におけるケアの自立支援の拡充のための調査研究事業」が実施された。この報告では、職員や施設経験者への聞き取り調査に基づき、子どもを支援するためのさまざまなやり方や、不適切な養育が行われた施設の背景や問題解決までのプロセスが提示されている（全国社会福祉協議会 2009）。

第3章　児童養護施設におけるフィールドワーク

第1節　調査概要

1　調査方法

本研究で用いるデータは、児童養護施設でのフィールドワークに基づいている。筆者は、２０１０年4月から２０１２年3月までのおよそ2年間にわたり、近畿圏の都市部にある「児童養護施設水原園」（すいげんえん。仮名。社会福祉法人）で、子どもの学習や遊びを手伝うボランティアとして、１週間に一度程度の頻度で参与観察を実施した。なお、水原園でのボランティア活動は、２０１３年の3月まで継続し、計3年間通った。

参与観察は、調査者が対象とするフィールドに入り、自らもそのフィールドの一部として活動しながら調査を行い、データを収集する方法である。そこでは、被調査者とのコミュニケーションに基づいたデータ収集が行われる。参与観察では、調査者がだんだんと参加者になり、フィールドや個人へのアクセスを見つけ、観察のプロセスは次第に具体的になり、問いが明確になっていく（Flick 2009＝2011：275）。

エスノグラフィックな調査において、とくにフィールドでの「子ども」を対象とする場合、次のことに留意する必要があると考えられる。それは、職員－児童、教師－児童生徒関係のように、大人と子どもで明確に役割がある場では、調査者が「子ども」と「大人」の二元論に陥ってしまい、子どもの行為を大人からの見方のみで見てしまいがちということである。オーストラリアの初等学校で、エスノグラフィックな調査を実施したB・ソーンは、フィールドノーツに‘Children’と記述していたが、ある日、子どもたちは自らのことを‘Kids’と読んでいることに気づいた（Thorne 1993：8-10）。大人が表現する子どもと、子ども自身が自身を表現するときの見方は、異なるものである。こうした観点は、子どもと大人の力関係に対しても一定の留保が必要だということを示唆する。子どもが大人よりも有利に物事を進めるときはあるし、場面によってはその力関係が絶対というわけでもない。児童養護施設でも、職員－子どもという「力関係」は存在しているが、本調査ではそれが絶対のものではないことに常に注意を払った。

本調査では、ボランティア活動の最中にフィールドノーツに具体的な事柄を記入することは難しかったため、1日のボランティア活動が終了した後に、ノーツにその日の出来事や子ども・職員の様子をできるだけ詳細に記述する形を取ることを基本とした。また、水原園の状況の確認や参与観察のデータを補足するために、参与観察の過程で職員から入手できた情報に加えて、同施設に当時で20年近く勤めていた主任児童指導員の坂本さん（当時40代男性）に対しても、２０１１年12月と２０１２年1月に、約2時間の半構造化インタビューを2度行っている。このインタビューの内容は、同意を得て録音し、すべて文字化して分析を行った。

2　児童養護施設水原園の概要

水原園は、幼児から高校3年生までの約80人[1]の子どもが暮らす「大舎制」の施設である。

水原園の建物内外の見取り図を詳細に述べることは、施設の匿名性を損なうおそれがあるため、大舎制児童養護施設の内部構造の例を、下記の図3-1に提示する。第2章でも述べたように、大舎制は、一つの建物に子どもの居室、食堂、浴室や共同空間などが設置され、20人以上の子どもが生活する形態を指す。

では、図3-1と水原園の違いを述べつつ、水原園の内部構造を説明したい。図3-1の児童養護施設は、3階建てで、1階には子どもの居室やトイレに大きな食堂、浴室、宿直室が、2階には子どもの居室と事務質や娯楽室、3階には学習室や倉庫などが配置されている。

水原園も同様に3階建てであるが、子どもの居室は2階と3階に設けられている。1階に食堂や浴

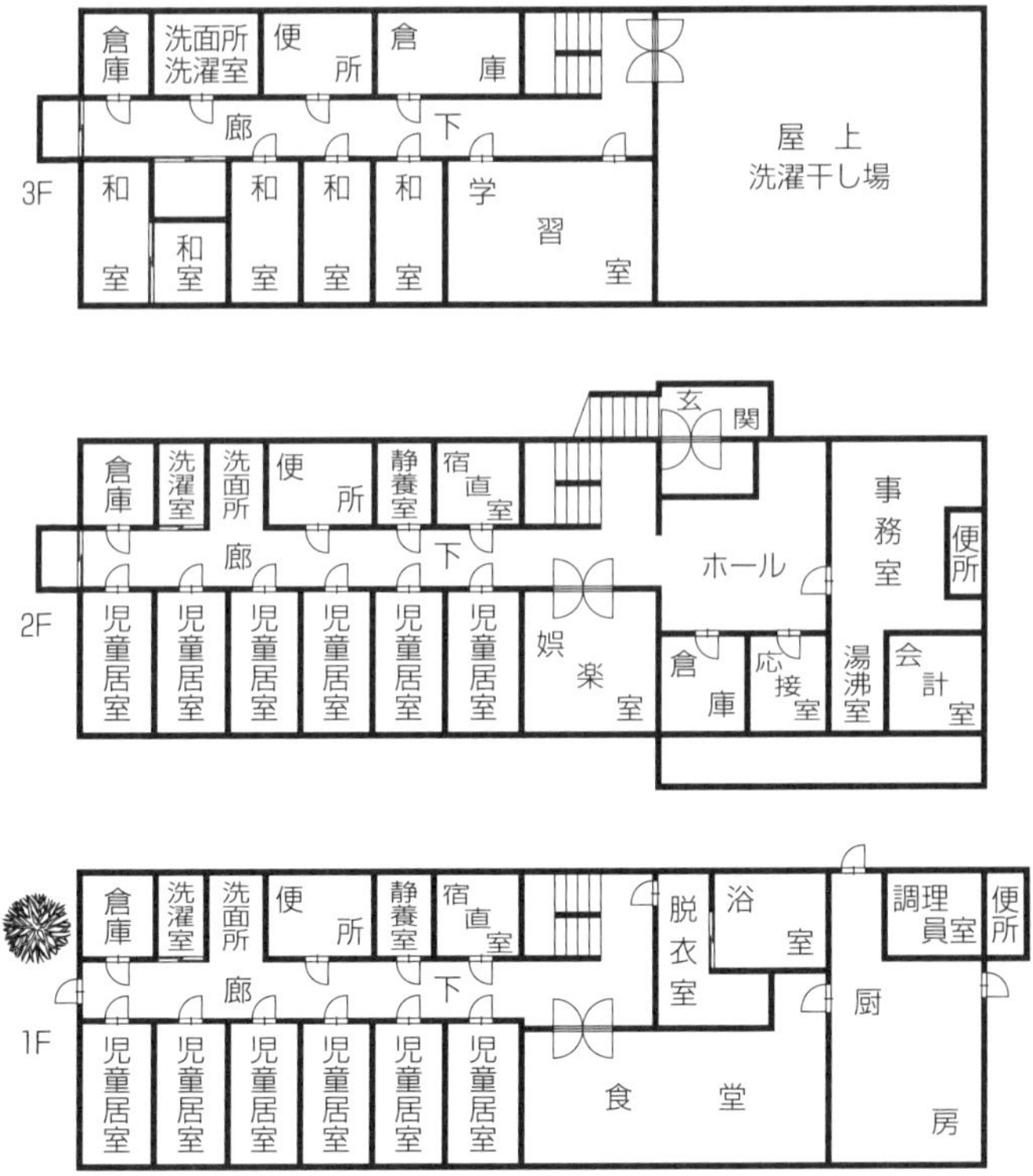

図3-1　大舎制の内部構造の例

（出所）児童養護研究会編（1994：71）

室、宿直室やトイレなどがある点は同様であるが、水原園ではこの他に事務室や応接室、紙芝居など施設内のイベントで使われる広間などが備えられている。

また、水原園の2階は、職員室・事務室があると同時に、女子用のフロアとなっている。3階は、男子用のフロアである。図3-1では、娯楽室は2階に一つ、学習室は3階に一つのみであるが、水原園ではどちらとも男女のフロアで一つずつ設置されている。

水原園の子どもの居室については、男女のフロアそれぞれに、子ども6~7人用の居室が三つ設置され、幼児（男女とも）が職員と生活する部屋も2階・3階に備え付けられている。施設の外には、子どもたちが遊ぶ「園庭」がある。園庭の中央部分は、ボール遊びや鬼ごっこに使われる空間で、園庭の外側には、鉄棒や滑り台などの遊具や砂場が設置されている。

続いて、児童養護施設での子どもの生活のイメージを提

表3-1　ある児童養護施設の子どもたちの日課表

時間	平日	休日
6:30	起床・洗面	起床・洗面
7:00	朝食	清掃
8:00	（小中高生）登校	朝食
9:00	（幼児）幼稚園登校	（幼児）保育・遊び （小中高生）自由時間・TV
10:00	（幼児）保育・遊び	
11:00		
12:00	（幼児）昼食	（全体）昼食
13:00	（幼児）お昼寝	（幼児）お昼寝 （小中高生）外出・TV
14:00		
15:00	（幼児）お昼寝起床・おやつ （小学生）順次下校・学習	（幼児）お昼寝起床・おやつ
16:00		
17:00	（幼児）入浴	（幼児）入浴 （小学生）帰園
18:00	（中高生）帰園 （全体）夕食	（中高生）帰園 （全体）夕食
19:00	（小学生）入浴・TV （中高生）学習	（小学生）入浴・TV （中高生）自由時間・学習
20:00	（幼児）就寝	（幼児）就寝
21:00	（小学生）就寝	（小学生）就寝
22:00	（中高生）学習終了・入浴	（中高生）入浴
23:00	（中高生）就寝	（中高生）就寝

（出所）石田（2013：100）

表3-2　児童養護施設水原園の職員の概要（事例で登場する職員のみ）

名前	担当	年齢	性別
坂本	主任	40代	男性
林	男子担当（小学生 A 室）	20代	女性
松本	男子担当（小学生 B 室）	20代	女性
水谷	男子担当（小学生 C 室）	20代	女性
大石	男子担当（中高生）	20代	男性
水野	男子担当（中高生）	30代	女性
大場	男子担当（中高生）	30代	女性
定岡	幼児担当	20代	男性
茂木	幼児担当	20代	男性
小柴	幼児担当	20代	女性
真島	女子担当	30代	女性

示したい。これについても、水原園の匿名性を確保するため、例として一般的な児童養護施設の子どもたちの日課表と年間行事例を表3-1に示した。

表3-1の例にみられるように、児童養護施設の生活は、一般的な家庭と同様に平日と休日で異なる。平日の日中は、子どもが学校に通い、施設に帰園すると学習や夕食の時間となる。休日には、行動を強く制限するような日課はなく、自由な時間が多くなる。

水原園の日課は、この表3-1と大まかな部分は変わらない。ただし、1点、水原園では小学生のおやつの時間が15時に設定されていた。

水原園では、幼児から高校生まで子どもの男女比はおおよそ半々である。職員は約30人おり、事務員や調理師など以外の直接子どもとかかわる職員（児童指導員、施設保育士）は約20人で、直接子どもとかかわる職員のうち多くが女性であった。また、嘱託の施設心理士も2人おり、1週間に一度の頻度で必要と判断された子どもに

表3-3　児童養護施設水原園の子どもの概要（事例で登場する子どものみ）

名前	学年		備考
	2010年度	2011年度	
コウジ	小学５年生	小学６年生	A室。小柄で運動神経がよく勉強も熱心。
ミキオ	小学３年生	小学４年生	A室。騒がしいこともあるが勉強熱心。
タカシ	小学２年生	小学３年生	A室。職員によく反発していた。学習に課題も多い。
カズオ	小学２年生	小学３年生	A室。学習室で落ち着かないことが多い。
ヨシタカ	小学２年生	小学３年生	A室。学習は進んでいたが、怒鳴ることが多い。
マコト		小学１年生	A室。調査中、子ども集団で最も地位が低かった。
ユウジ	小学４年生	小学５年生	B室。体格がよい。やや無口だが一言が鋭い。
ユウ	小学２年生	小学３年生	B室。ニューカマーの子ども。集団内で地位が低い。
シュウ	小学２年生	小学３年生	B室。鉛筆をいじることが好き。特別支援学級に在籍。
トオル	小学１年生	小学２年生	B室。何事にも活発。時に攻撃的な物言いをする。
マモル		小学２年生	B室。2011年度から入所。細い体格。
ヒデキ	小学４年生	小学５年生	C室。背丈が高く体格もよい。算数が得意。
リュウイチ	小学４年生	小学５年生	C室。子どものなかで地位が高い。非常に活発な性格。
トモキ	小学４年生	小学５年生	C室。比較的物静かで、騒ぎにかかわらない傾向。
ヒロヤ	小学３年生	小学４年生	C室。勉強熱心。筆者とはあまりかかわりがなかった。
ヒロユキ	小学３年生	小学４年生	C室。あまり学習室には来なかった。
シンジ	小学３年生	小学４年生	C室。ニューカマーの子ども。リュウイチと仲がいい。
ユウキ	小学２年生	小学３年生	C室。勉強は苦にしないが、時折不安定になる。
ハル		小学１年生	C室。活発で宿題もするが、荒い言動も目立った。
タクマ	中学１年生	中学２年生	落ち着いた様子の中学生。小柄。
タダシ	中学３年生	高校１年生	まれに学習室にやってくる中学生。
ショウヘイ	中学３年生	高校１年生	受験勉強でよく学習室に出入りしていた。
ユキヒロ	高校２年生	高校３年生	時折やってきて、小学生に威圧的な態度を取る。

プレイセラピーを行っていた。この時間を、子どもたちや職員は「カウンセリングの時間」と称していた。

筆者が主にかかわったのは、小学校1年から6年の男子約20人である。この男子およそ20人と直接かかわるのは基本的には6人の職員であった。表3-2と表3-3は、本書の事例分析で登場する職員と子ども（両方ともに仮名）の一覧である。

6人の職員のうち、3人が小学生男子の三つの居室（詳しくは後述する）を担当し、残りの3人は中学生以上の男子を担当している。ただし中学生以上を担当する職員も日常的に小学生男子とかかわっており、実質は6人全員で男子全体を担当している。また、この6人以外の幼児担当職員や女子担当の職員も日常的に男子と交流している。筆者が主に観察した学習時間でも、この6人のうち誰かが学習時間の担当として学習室で業務を行っていた。

筆者は、小学生の子どもが学校から施設に帰った後、夕食までの学習時間または自由時間に子どもの宿題や遊びの手伝いをし、その様子を書き留めていった。時間帯は曜日や長期休みかどうかによって前後するが、午後2時過ぎから午後6時ごろの間である。筆者の役割は主に学習ボランティアではあったが、子どもの宿題を見るだけではなかった。子どもが宿題を1人でできていて学習室にいる子どもの数が少ないときは、子どもと居室で本を読んだりおもちゃで遊んだり、あるいは園庭でボール遊びをしたり鬼ごっこをしたりすることも多かった。ほかにも、筆者は遊びにはかかわらず、子どもの様子を見守ることも多かった。

男子児童約20人のうち、筆者が1日の間にかかわるのはおよそ5、6人であった。小学生は、宿題を原則学習室といわれる共同空間で行うことになっている。筆者が子どもの宿題の手伝いをしている間、学習室には小学生男子担当の職員が1人、多いときは2人いて、業務を行っていた。

筆者以外の男子担当のボランティアがいるかどうかは曜日や時間帯によりさまざまで、筆者以外のボランティアがいないことも多かった。また、筆者以外のボランティアが参加している日でも、他のボランティアが1人以上いることはあまりなく、筆者を含めてボランティアは2人の場合が多かった。筆者と他のボランティアは、学習室で別々の子どもの宿題をサポートしたり、1人が学習室に残りもう1人が子どもと居室や園庭に遊びに行ったりするなど、子どもたちの状況により臨機応変に対応することが多かった。

水原園はボランティアを積極的に活用していたが、女子担当のボランティアも含めて水原園全体でボランティアの人数は日に1人から2人ほどであった。男子担当のボランティアが同じ日に2人以上いる日はほぼなかったが、後述するように女子担当のボランティアは女性に限定されており、男性も女性も入れる男子のフロアと比べてボランティアが入ることは少ないという。このため、ボランティアがいても、子どものニーズに応えるには「人手不足」であった。さらに筆者を含めてボランティアはあくまで子どもの手伝いをする立場であったため、職員抜きでは子どもの要求に応えられない場合もあった。

児童養護施設では、措置以前の生活によって生活習慣が乱れた子どもも多いとされるが、水原園では、ある程度安定した生活が営まれていることがうかがえた。一例として、不登校の子どもが見られなかったことがあげられる。主任児童指導員の坂本さんによれば、子どもや職員の間では「朝は起きるもの」「学校へ行くもの」という雰囲気があり、「子どもが子どもを学校に誘う」環境が作られているという。水原園に措置されるまでは、（親が学校に通わせないなどの理由で）不登校であった子どもが、水原園に入所すると自然と学校へ通い出すこともあったという。このように考えると、水原園の状況は相対的には安定しているのではないかと考えられる。また、職員とボランティアとの交流会を開いて外部の目や意見を取り入れ、養育環境をよくしようとする試みもなされていた。

しかし、水原園においても子どもを養育するうえでの課題は多かった。とくに水原園は、児童養護施設のなかで比較的規模の大きい施設であり、およそ80人という大勢の子どもとのかかわりのなかで個別の子どもをいかにケアするのかは大きな課題であった。

3　水原園の子ども

水原園の子どもたちは、初めてやってきたボランティアにも積極的に声をかけ、「遊ぼ！」と手を引くなど、いつも活発で賑やかである。子どもたちは、多くの職員を「〇〇ちゃん」とあだ名で呼んでおり（たとえば、松本さんは「まっちゃん」）、このことは、施設が日常の空間であることを強く感じさせた。

職員によると、水原園に措置されてきた子どもの6、7割がなんらかの形で虐待を受けた経験をもつ。子どもの多くが、母子家庭または父子家庭出身であり、それらひとり親家庭の半数が生活保護を受けていた。保護者が働いている場合であっても、ほとんどが非正規雇用で、程度の差こそあれ水原園の子どもは不安定な生活から児童養護施設に措置されていた。

近年、施設の子どもの落ち着かない様子を、「発達障がい」ととらえることも多くなっている[2]。水原園でも、落ち着かない子どもは多かった。ただし、主任児童指導員に確認したところ、調査時、水原園では「発達障がい」の傾向があるとみなされやすい子どもはいたものの、医師に発達障がいであると診断された子どもはいなかった。なお、少数、小学校で特別支援学級に入っている子どもがいた。

約20人の小学生男子は、A室、B室、C室という三つの居室に6〜7人に分けられて生活していた。それぞれの居室には2段ベッドが人数分あり、テレビ、衣類用のタンスやロッカーが用意されている。基本的には、職員だけではなく、筆者や他のボランティアも子どもの居室に入ることは自由であった。

また、居室は、同年齢の集まりではなく、低学年から高学年までが均等に一つの部屋に振り分けられていた。団体で行動するときは、この部屋割りが一つの基準になり、ときに子どもや職員は、「A室の子」というように部屋の名前で集団を区別している。加えて、子どもには「自分の居室以外に入ってはいけない」というルールが設けられていた。この点は、明文化されたルールではなく、筆者は調査を始めてから1か月経たないころ、ボランティアの最中にこのルールを知ることになった。以下の事例はそのときの出来事である。

【事例　B室（子どもの居室）】

雨で外で遊ぶことができないため、子どもの居室でテレビをみることになった。ファンタジー色の強い子ども向けの洋画やサッカーアニメ。5～7人ほどの子どもがテレビの前に集まり、サッカーアニメのオープニングを合唱していた。

このとき、シンジ（小学校3年生・C室）がこちら（筆者）のひざに乗ろうとしてきたが、ほかの子ども（小学校4年生のユウジ・B室）が、シンジがいることを非難してきた。

「なんでいるん、シンジ、出てけや」（ユウジ）

シンジ、無言。

「シンジくんがいちゃいかんの？」（筆者）

「C室のやつがいたらあかん」（ユウジ）

話を聞いてみると、自分の部屋以外には入ってはいけない、というルールがある様子だった（筆者はこのときにそのようなルールがあることを知った）。筆者は、「なら職員のひと呼んできて」と、子どもに職員の人を呼んでもらう。

すぐ近くに職員の茂木さん（20代男性職員）がいて、「シンジ、行こ」と、シンジを連れていく。やはりルールはあったらしい。

【2010年4月下旬　フィールドノーツ】

こうしたルールが存在し、一見、この部屋割りに基づいて子ども集団が形成されているようにも見えた。ところが実際には、この境界線は緩く、子どもたちにとってはあってないようなものであり、ほとんどの子どもが部屋の区分を越えて交流していた。少なくとも、筆者が参与観察を行っている期間、部屋割りによって子どもの集団が明確に分割されている様子や、集団の性質が異なるということはみられなかった。上記の事例は、ルールを破ったことよりも、シンジがユウジよりも弱い立場にあるという、子ども同士の力関係が大きく影響していたのである。水原園の子どもたちの関係は、部屋割りだけではなく、学校で同学年もしくは同学級か、同じ遊びが好きかなど、複雑なつながりから成り立っている。部屋割りは、あくまで一つの基準であった。たとえば、学習室では小学生の子どもそれぞれに机が用意されているが、部屋割りによって机が並べられているのではなく、低学年の子どもほど職員の机に近く、高学年になるほど遠くなるという配置の仕方がなされていた。

これらの男子たちは、女子とは異なるフロアで生活している。水原園では、小学生の居室と幼児・中高生の居室が離れていたことに加えて、幼児をのぞいて男女で暮らすフロアが違う体制を取っていた。そのため、女子が男子のフロアにやってくることはあまりなかった。また、施設の構造上、男子のフロアに向かう前に女子のフロアの廊下が目に入るが、そこで男子の姿を見かけることもあまりなかった。さらに食事においても、食堂で座る場所は性別で異なっていた。このように水原園では、男女が明確に空間的に分離されていた。

こうした環境において、子どもたちおよび職員は、男女の子ども集団を「男児」「女児」と括ることで区別していた。時折、女児を担当する職員が男児のフロアの来たときなどは、その様子を見た職員の真島さん（30代女性職員）が「（男児は）女児よりぐぢぐぢ言うわ」。「いいなぁ、遊びいって。女児は全然いかん」と、男女の様子の違いに触れることもみられた（2012年3月中旬フィールドノーツ）。

水原園に限らず、児童養護施設は、基本的には男女で生活空間が異なっている。その理由として、単なる性別の区別や生活の効率性とは異なる生活上の問題もある。それは、子どもの性的トラブルの問題である（田澤 2003）。複雑な家庭背景を抱えた子どもが、他人と生活する施設では、以前から子ども間で起こる性的なトラブルが発生していることが問題とされてきた（たとえば、杉山・海野 2009；塩田 2010）。このため、職員は、子ども同士で性的な問題が起こらないように配慮しなければならない。このため、男子・女子を「分離」させるという方針を取る施設がほとんどである。[3]

4 水原園の職員

職員の勤務体系は、実働8時間の変則シフト制で、早番・日勤・遅番に加えて当直や断続勤務（子どもの起床前に出勤、登校を見送ったら一旦退勤し、子どもの下校に合わせて再び出勤する形態）で構成されている。

職員が長年勤務し続け、子どもとかかわり続けるということは、児童養護施設の養育においてたいへん重要視されている。しかし、多くの施設の抱える問題と同様に、水原園でも過酷な労働環境を一つの要因として、職員が早めに離職してしまう問題を抱えていた。主任児童指導員の坂本さんによれば、具体的な離職者の人数は、その年によってさまざまだが、多いときには年で4人ほどの退職者が出たこともあるという。調査期間中には、退職者は少なかったものの、幼児担当の職員が1人離職した。離職の要因としては、業務の負担も一因であるが、女性が多い職場ということで「結婚」が以前から一つのポイントになっている。以下は、2011年12月に実施した主任児童指導員坂本さんへのインタビューでの語りである。

坂本さん：実際に過酷な労働条件のなかで［若手は］1年2年っていうのはなかなか現場で、必死やから。やっぱりなかなか余裕もない。3年目になると、この業界ベテランやといわれるくらいやからね。3年目くらいからこう、ちょっといろいろなものに取り組んでもらう。4年、5年、6年目くらいに、少し［子どもの］性の問題に取り組んでもらう。[4] 少し興味が出てきたなといったころに、結婚という問題が出てくる。結婚って問題が出てきたときに、この仕事っていうのはやっぱ続け［ら］れない現状っていうのはやっぱり、だいたい全国的にもある。

——中略——

このような、とくに女性職員が結婚によって退職するという流れは、以前から存在していたが、社会の晩婚化の流れを受けて結婚で退職というケースは減っているようだった。ところが水原園では、精神疾患で退職する職員が増えているという。

坂本さん：そうやねぇ、ペースとしては結婚の比率は下がったけど、精神疾患［に］なってやめてく。　―中略―　だから、最終的には［退職する職員の人数は］あまり変わらない。

こうした状況により、水原園では年齢や勤続年数からみて職員に中間層がいないことも課題となっていた。10年以上勤務している「ベテラン」と、20代あるいは施設で働いて日が浅い「若手」がほとんどなのである。中間層がいないことで、たとえば、職員間でコミュニケーションの齟齬が起こるという問題が懸念されていた。

5　水原園と地域の関係

水原園は都市部に存在しており、地域の祭りで子どもたちや職員が出店を開くなどの交流がみられた。ただし、児童養護施設は地域空間で周縁化されがちで地域との連携が難しいと指摘されており（谷口 2011：228-231）、水原園でも類似した状況がみられた。

たとえば、子どもが起こしたトラブルに対する近所からのクレームの問題である。２０１１年、子どもが園庭でボール遊びをしていた際、誤って近隣の車にボールを当ててしまい、水原園に匿名のクレームが入ったことがある。そのため、子どものボール遊びが一時的に禁止となった。水原園を悩ませていたのは、その後の対応である。クレームは匿名であり、職員はどこの・誰に謝罪してよいのかわからず、「いつボール遊びを再開してよいのか」判断が難しかった。その後、ボール遊びをする場合には、「職員やボランティアなど、大人がいるところで行うこと」という暫定的なルールが設置され、ボール遊びは「恐る恐る」再開されることになる。その後、ボール遊びの再開に対してクレームはなく、一応の解決をみたものの、ここには住宅が集合しており、さらに集合住宅などに「施設」の事情を知らない人々も住んでいるという、都市部だからこそのより特徴的な問題がうかがえた。

第2節　調査の経緯・データの性質・倫理的配慮

1　調査の経緯

参与観察という調査の特性上、調査者の筆者が、どのような経緯でフィールドに入ったのか、どのような関心をもっていたのか、そしてフィールドにおいてどのような立場であったのか、できる限り詳細に提示する必要があるだろう。

まず、調査のきっかけは、２０１０年、筆者が所属する関西大学大学院文学研究科の多賀太研究室で、水原園を管轄するA県の児童養護施設協議会から、施設内の暴力調査の分析を引き受け、共同研究を実施したことであった。本共同研究では、A県に報告書を提出した後、その結果の一部を論文化している（多賀ら 2012）。

共同研究において、児童養護施設での暴力調査のデータを分析するにあたり、施設の知識がほとんどなかった筆者らは、施設の現場をある程度知る必要があると考え、筆者が水原園でボランティア活動を行うこととなった。その際、共同研究の調査分析に役立てることとは別に、水原園で調査を実施したい旨を、主任児童指導員の坂本さんに相談した。そして、水原園の施設長と主任児童指導員の坂本さんに、調査の意図を説明し了承され、研究結果の公表の許可を依頼する文書に施設長の署名、捺印を得る運びとなった。これにともない、調査の意図を示した文書が職員に配布され、調査することが水原園全体に通知された。

このように筆者の当初の関心は、施設の子どもの暴力をはじめとするコミュニケーションの問題にあった。その後、学習ボランティアの役割を中心に担ったことから、子どもの学習を含めた生活環境へと研究関心が広がっていった。

2　筆者のフィールドにおける立場

続いて、フィールドでの筆者の立場を述べる。筆者は、２０１０年に初めて水原園をボランティアとして訪ねた際、職員に施設内を案内され、ボランティア活動の流れの説明を受けた。ボランティア活動に参加する際には、事前に連絡あるいはボランティア用の連絡帳で次回参加する日付と時間を職員に伝える。施設に訪問した際には、事務員に挨拶してスリッパを履き、2階の職員室に向かい、職員から名札と自分の荷物を入れるためのロッカーの鍵を受け取り、簡単な指示を受けるという流れであった。その日の活動を終える時間は、ボランティアに任されており、ボランティアは終了時間になったら名札とロッカーの鍵を職員に返し、ボランティア用の連絡帳に子どもの様子などで気になったことと、次回参加する日付と訪問する時間がわかっていれば記入してその日の活動は終了になる。

最初の訪問時、職員から「最初のうちは男子をみてください」と、3階の男子の学習室や居室を案内された。そして、子どもが学校から帰ってきたら、「おかえり」と挨拶してほしいと伝えられた。子どもはバラバラに行動していたため、子どもへの自己紹介は、勉強を教えるときや一緒に遊ぶときにその都度行うこととなった。

筆者がボランティア活動に通った当初、筆者の役割は明確ではなかった。水原園の職員が、筆者に対してボランティアとして何かしてほしいと指示したことはほとんどなかったからである。これは筆者だけではなく、他のボランティアに対しても同様であった。この職員の指示があまりない理由の一つは、職員の多忙にあった。筆者が職員の様子を見て抱いた最初の印象は、「とても慌ただしくて忙しそうだ」というものであり、職員は筆者を含めたボランティアに細かな指示を出す余裕はほとんどない様子であった。実際、子どもとは初めて会った際にお互い自己紹介ができていたのだが、職員とは「こんにちは」と簡単な挨拶こそできても、落ち着いて自己紹介ができたことはきわめて少なかった。もちろん、職員は筆者の名前などは把握していたのだが、かなり時間が経ってから、お互い顔や名前を知っている状態で、改めて自己紹介したこともある。こちらもすぐに子どもの相手をするようになり、職員に話しかけるタイミングがなかなかつかめずに、挨拶をする機会がないまま、子どもとの交流を通して、職員の名前やあだ名などを教えてもらうこともあった。

ただし、職員はボランティアにあまり指示を出せず、ボランティアが定められた範囲内で独自に動くことをマイナスにはとらえていなかった。なぜなら、水原園の職員は、ボランティアに「何かをしてもらう」こと以上に、少ない職員数では行き届かない点を少しでも補えるように「大人の目で子どもを見ていてもらう」ことを期待していたからである。このことは、職員とボランティアとの交流会（2011年7月上旬）で、主任児童指導員の坂本さんが語っていた。

ボランティア活動について職員からの指示はあまりなかった。そのなかで、子どもが放課後、帰宅して行うことは、宿題あるいは園庭での遊びであったため、職員の指示を受けなくとも自然な成り行きで、筆者は子どもに合わせてボランティア活動をすることになった。これは筆者だけではなく、他のボランティアも同様であった。このため、それぞれのボランティアが、それぞれ独自に子どもとの関係を築いてボランティア活動を行っており、ボランティア同士の交流はあまりなかった。

このように、筆者は、調査に入ったと同時に固定された役割から子どもや職員の様子を見ていたのではなく、臨機応変な形で参加し、かつ何度も通うごとに少しずつ職員の様子や子どもの生活を知ることを通して、水原園の全体像を把握していった。

3　水原園の子どもと筆者の関係

次に、事例を引きながら水原園と筆者との関係を確認する。

以下の事例は、筆者が水原園にボランティアとして訪れて1年半が経った頃、立ち位置が明確になってきたときである。園の生活は、日々明るくせわしなかった。ほんの数時間を切り取っただけでも、小さな騒ぎが無数にある。一つの場面にも多くの子どもが登場し、自己主張し、活発に動き回っていた。

学習室の様子

２０１１年10月下旬、午後3時。いつも通り水原園に到着する。事務窓口で職員に挨拶し、そのまま2階に上がって職員室へ向かい、ロッカーの鍵を受け取った。

荷物をロッカーに入れて3階の学習室に行くと、ランドセルが二つ、机の上に置かれていた。B室で2人の声が聞こえた。カズオ（小学3年生・A室）と、ユウ（小学3年生・B室）だった。学習室の窓から見てみると、2人がなにか話していて、実習生（男性）が近くにいた。

とりあえず学習室で待機する。少しすると、カズオがやってきた。

筆者：おかえり
カズオ：ただいまんとひひ！
筆者：ん？　なにそれ
カズオ：おかえりんごやろ！
筆者：おかえりんごなの？　知らんなぁ
カズオ：へへ

会話していると、すぐにトモキ（小学5年生・C室）もやってきた。「うおー」とこっちに突進してくる。そうしているとユウもやってきた。ユウは「さ、宿題しよ」と、いつもよりやる気を見せる。「おお、じゃあやろうか。さっさと終わらせような」（筆者）。「音読聞いて」（ユウ）、「いいよ」（筆者）。内容は最初から2ページくらい。以前よりすらすら読めている。

ユウの音読を聞いている途中でトモキが言う。「せいやってわかる？」（トモキ）、「う〜ん、いろんなの浮かぶけど、聖なる夜かな。クリスマス」（筆者）、「正解！　なんでわかったん？　誰もわからんかったのに」（トモキ）。そう話していると、ユウがトモキの言葉を高い声で繰り返すなどよく絡んできた。

ユウの音読が終わると、ハル（小学1年生・A室）の音読と計算カードを見る。そうしていると、久々にヒデキ（小学5年生・C室）が背中にぶつかってきた（よくぶつかってくる）。「おお、久しぶり」（ヒデキ）、「ヒデキくんは宿題しに来ないな」（筆者）、「俺、これから遊びに行くから」（ヒデキ）、「やっぱり？」（筆者）と、数秒の会話でヒデキは学習室を去っていく。

小学校の特別支援学級に通うシュウ（小学3年生・B室）は、どうも集中力がなくなっていた。今日は国語で、ひらがなの練習のようだった（ポテトなどファストフード店の食品名）。宿題はそれだけだが進んでいない。

コウジ（小学6年生・A室）が、珍しく前の席で宿題していた（前の席は基本的には低学年が座る）。「俺、なんで理科できん［できる］のに算数できへんのかな」と不思議そうにしている。

ヨシタカ（小学3年生・A室）は算数のプリントをしている。定規などの目盛りの勉強だが、よく理解していない。終わった後、学習室にやってきた職員の大場さん（30代女性）にだだをこねる。どうも小学校のレースに出たかったらしいのだが、申込用紙で申し込まなければならないことを知らなかったらしく、「なんで？」「出たい」「出したかな～？」と、机に突っ伏しながら、不満そうに言う。大場さんは「私は知らん」という。

途中でシュウが「寒い」と言い出し、「部屋でやる」と教科書を持って席を立ってしまう。職員の大石さん（20代、男性）が「シュウちゃん、学習室でやらなあかん！」と怒鳴るものの、聞かずにいってしまう。また、ユウも、なかなか漢字を進めず、途中でドリルを持って部屋に行ってしまった。

そのあと、ユウはB室で他の子に水のスプレーをかけられてテンションが上がってしまい、「漏らした漏らした～！」と下半身水浸しで大喜びしていた。宿題を終わらせたのか不安だったが、ユウのドリルは机にあり、全部終わっていた。時間割を終わらせれば（ランドセルに明日の授業の教科書を入れれば）おやつがもらえるが、ユウは興味なさそう。大騒ぎのあとはテレビに夢中。大場さんがやってきて、「宿題は？」（大場さん）、「俺宿題終わったで」（ユウ）、「終わったなら時間割！」（大場さん）とつれられていった。

【2011年10月下旬フィールドノーツ】

子どもの世界を「見せてもらう」ためには

事例の状況は、傍目からはせわしなく、余裕がなさそうにも思える。実際、筆者が「職員さんは大変だ」と感じる機会は何度もあった。しかし、慣れてくると、毎日起こる騒ぎの質もわかってくる。トラブルも、深刻なものとありふれたお決まりのものがある。お決まりのトラブルならば、むしろ穏やかな日常とも感じられた。

しかし、穏やかな日でもそうでない日でも、フィールドワークにおいて、調査者にはさまざまな悩みや葛藤が付きまとう。本調査のように、子どもの様子を研究の対象とする場合には、「大人」である調査者がどのようにして子どもたちの世界に接近できるかが重要となる。

子どもの世界・文化を見ようとする際、子どもとの関係性が大きくかかわる。桜井厚は、人々が状況を乗り越えようと試みる固有の立ち向かい方を「生活戦略」と呼んだが、これは「悪知恵というようなものをふくめ」（桜井 2005：37）たものである。施設の子どもたちの「悪知恵」も含めた生活を見ようとするなら、それを筆者が目撃しても、少なくとも子どもには「問題ない」と思われる関係性が必要だろう。

水原園の子どもたちにとって筆者は、何かトラブルを起こしたときに「罰」を与えるような立場ではないため、「職員側の人間」とは思われていないようだった。子どもが危険なことをしようとしたり禁止された行為をしようとした場合、注意あるいは制止するように心がけていた。しかし、ともに生活しているわけではないボランティアの注意は、職員の注意と比較すれば、子どもたちにとって「どうでもいいもの」であったように思われた。ただし、個々の子どもとの関係が形成されていくにつれて、筆者の立場自体が大きく変わることはなかったものの、職員から禁止されていることは、筆者が言えば子どももある程度聞き分けてくれるようにはなった。

子どもたちの筆者への呼び名は、当初は「お兄ちゃん」で固定されていた。自己紹介の際に名乗ってはいても、毎週顔を合わせる子どもばかりではないため、再会しても「だれだっけ？」と名前を覚えてもらえないか、ほかのボランティアの男性と同様に「お兄ちゃん」と呼ばれるかであった。顔を知られるにつれ「お兄ちゃん」に加え、「山口さん」と呼ばれることが多くなった。一部のよくかかわった子どもは「きおと（筆者の名前）」や「きおっさん」などと呼んでいた。

4　データの性質

事例の分析に入る前に、本調査によって得られたデータの性質に言及する。まず、筆者が主にかかわったのは小学生の男子であり、本調査で収集したデータも、ほとんどが小学生男子のものである。小学生が中心となったのは、水原園では小学生と幼児や中高生の居室が離れており、小学生のフロアに小学生以外がやってくることはそれほど多くなく、幼児・中高生の様子をみる機会はあまりなかったことによる。

次に、小学生男子と比べて小学生女子とかかわる機会はあまりなかったのは、第一に、水原園では幼児をのぞいて男女で暮らすフロアが違う体制を取っており、男子の様子を見ながら女子の様子を確認することはできない環境であったこと、第二に、水原園では、明文化されていたわけではないが、職員以外の男性は女子のフロアには無闇に入れないよう配慮されていたことからである。この事情は、参与観察中に直接子どもや職員に聞いたわけではなく、主任児童指導員へのインタビュー（2011年12月）で確認を行った。

5　倫理的配慮

本研究では、水原園での調査および研究成果の公表に関して、以下の倫理的配慮を行っている。

まず、本調査では水原園の施設長と主任児童指導員に調査の意図を説明し、研究結果の公表の許可を依頼する文書に施設長の署名・捺印を得ている。

次に、正確な子どもの定員数・職員の人数を提示することを避け、事例で登場する子ども・職員の名前をすべて仮名とするなど、水原園の匿名性を損なうと考えられる情報は正確な提示を避けるか、一部加工して提示している。フィールドノーツの日付も特定できないよう、日にちを「上旬、中旬、下旬」と表記している。

次章からは、各章で設定する課題に基づいて事例を提示して分析を行う。事例で登場する子どもの学年は、引用した事例が生じた時点での学年である。事例を提示する際には、フィールドノーツそのままの記述では意味がわかりにくくなってしまう場合、文意は変えない程度に文章を修正している。また、言葉を補足する場合は［ ］を、言葉の意味や状況を補足する場合は（ ）を用いている。

〈注〉

（1）本研究では、水原園の子どもの数や職員の数を「約」と表記している。これは調査期間中に人数が前後していたことに加えて、正確な子どもの定員数・職員数を表記することで施設が特定されることを避けるためである。

（2）児童養護施設職員の支援事例のなかには、「発達障がい」の子どもへの対応に着目したものも提示されている（たとえば、木全ら編者 2010）。

（3）2018年には、厚生労働省が「児童養護施設等に入所する子ども間の性的暴力等の事案への対応について」を各施設に通知し、子ども間の性暴力等の発生防止の取り組みが進められた。

（4）児童養護施設では、性的虐待を受けた子どももいることから、子どもの性問題に対してどう対応し、いかにして性教育を行うのかという課題がある（〝人間と性〟教育研究協議会児童養護施設サークル編 2005）。

第4章　児童養護施設における子どもの暴力と仲間文化

第1節　児童養護施設における子ども間の暴力

1　放置されていた子ども間の暴力

子ども間でのいじめ、攻撃行為といった暴力問題は、児童養護施設の生活の大きな課題となっている。[1] 1990年代までは、職員から子どもへの、いわゆる「体罰」が問題になることが多く、子ども間でのいじめや諍いはあまり問題として提起されてこなかった（長瀬 2011a：52）。しかし、いまでは子ども間の暴力問題にも目が向けられるようになり、その対策が必要とされている。

児童養護施設に関連した多くの文献では、感情の抑制が苦手であったり、すぐに手が出たりという施設で生活する子どもの傾向が指摘されており、子ども間の暴力の量的な調査分析（黒田 2009：多賀ら 2012）が行われるなど、その実態の把握が進められてきた。

暴力に代表される児童養護施設の子どものコミュニケーション課題には、施設に措置される子どもの家庭環境が関与していると考えられている。つまり、保護者からの虐待をはじめとする施設に措置されるまでの不安定な生活が、子どもの対人関係の問題や不適応行動に繋がっているという。厚生労働省の調査結果では、入所した子どもの65・6％が被虐待児である（厚生労働省子ども家庭局・厚生労働省社会援護局障害保健福祉部 2020：13）という、措置される子どものなかの被虐待児の割合の多さから、コミュニケーションの課題と虐待との関連も指摘されている。

子ども間での暴力は、子ども個々人の心理的・発達的課題として言及されることが多い。被虐待児は、保護者から攻撃的な振る舞いを学んでいたり、感情の抑制が難しかったりすることで、暴力をふるいやすい傾向があるといわれ、子どもの人数と比べて職員の人数が非常に少ない状況では、そのような行為に対して十分な対応をすることは難しい現状がある（山田 2002：黒田 2009：110など）。心理学的視点からも、児童養護施設の子どもが抱える行動や情緒の問題と被虐待経験との関連が指摘されており、子どもの心理的ケアの必要性が強調されている（坪井 2005）。また、施設の子どもに被虐待経験から暴力で相手よりも優越しようとする傾向があると指摘されている（加藤 2012：9-11）。こうした子どもの課題への対応として、施設心理士が配置されており、子どもの心理的なケアや職員への助言が行われている。

その一方で、子ども間での暴力の発生は、子どもが児童養護施設の子ども集団の仲間文化に適応した結果としての側面もあると考えられる。施設措置前の生活によって、子どもが攻撃的な行動を行いやすい傾向にあるならば、当然子ども間で暴力が生じやすいだろう。そうした傾向にある子どもが集団となり、施設で暴力行為が頻繁に発生する環境が形成されているとすれば、暴力的ではない子どもであっても、ほかの子どもから暴力を学習するという可能性もありうる。

実際、児童養護施設の子ども集団には、「暴力をともなう威圧的な上下関係」（長瀬 2011a：51）が存在しているといわれる。施設の子どもたちの関係は、年齢差を基礎とした「たて」の関係と、同年齢の「よこ」の関係とが複雑に絡み合って成り立っており（谷口 2011：147-155）、とくに子ども間の「たて」の関係が暴力的な関係になりやすい。施設の子ども集団に年齢などを基礎とした暴力的な上下関係が存在していることは、施設に入所していた経験者の手記（『子どもが語る施設の暮らし』編集委員会編 2003：100；『施設で育った子どもたちの語り』編集委員会編 2012）や、施設経験者へのインタビュー（全国社会福祉協議会 2009：133-135；長瀬 2011a：51-54）からうかがうことができる。

児童養護施設内暴力の量的調査分析でも、子ども間において、年上から年下への暴力が多いことが確認されている（多賀ら 2012：113-115）。長瀬正子は、施設経験者へのインタビュー調査を通して、施設の子ども集団で「暴力的なコミュニケーション」や「いじめ」が珍しくなく、むしろ日常的であると指摘している（長瀬 2011a：51）。このように先行研究からは、施設の子ども集団において、暴力を促すような子ども間の関係が形成されていることが示唆されている。

2　子ども集団の仲間文化と暴力

前述したように、児童養護施設の子ども集団内での暴力をともなう上下関係の背景には、措置される以前の生活の影響によって、他者への攻撃を行いやすい傾向にある子どもが集団を形成していることがあると考えられる。職員数が子ども数と比較して少なく、職員が子どもを統制しにくい現状では、子ども集団が、子どもにとっては逆らえない支配的な集団となっており、職員に暴力の被害を訴えにくく子ども間の暴力的な関係が固定化しやすい（長瀬 2011a：53）。

こうした児童養護施設の子ども集団内の暴力的な関係を考える際、学校・学級での「いじめ」の議論が参考になるだろう。内藤朝雄は、学級という状況での「いじめ」は、成員に規範が内面化されていない無秩序状態ゆえに起こるのではなく、教師とは異なる子どもなりの「秩序」に基づいて起こっていることを指摘する（内藤 2001）。集団の「秩序」に基づいて暴力が発生しているという議論からは、施設の子ども間で暴力がなぜ起こり継続するのかを考えるうえで、子どもの個々人の問題とともに、子ども集団の「秩序」が暴力をどのように発生させているのか、という側面から子どもの暴力といったコミュニケーション上の課題を理解する必要性が示唆される。

本章で注目するのは、子ども集団の仲間文化である。仲間集団には成員に共有された独自の規則があり、成員がそれを守ることで集団の仲間意識は強くなる。その一方で、仲間集団の規則に沿わない成員は逸脱者とみなされ、なんらかの罰を受けることになるという拘束性を仲間集団は有している（住田 1995：370-371）。仲間集団内での規則の適用が繰り返されることで、集団の仲間文化は形作られる。

仲間集団は、子どもにとって集団行動を学ぶ社会化の機能があるとされるが、集団の仲間文化が、周囲の大人に対抗する価値観によって形成されることもある。たとえば、少年非行研究では、大人の指導に従うよりも、それに逆らい非行を行うことが仲間の絆を深めるという非行集団の仲間文化の存在が示されており、少年の非行が仲間集団の文化を学習し適応した結果としてとらえられることが指摘されている（Cohen 1955など）。こうした議論を踏まえれば、児童養護施設における子ども間での暴力には、それを抑制しようとする職員に対抗する子ども集団の仲間文化に、子どもが適応した結果として生じている側面もあると考えることもできるのではないだろうか。

以上のように、本章では、児童養護施設の子ども間で発生する暴力行為に代表されるコミュニケーション上の課題を、子どもの心理的・発達的な課題とは別の側面、つまり施設の子ども集団の仲間文化への適応という側面からとらえ、いかにして子どもがそうした仲間文化を形作るのかを示す。そのことにより、子ども集団において暴力行為がいかなる意味をもっているかを理解することを試みる。

第2節　児童養護施設における暴力の傾向――A県管轄下施設における暴力調査から

1　当事者の属性と暴力発生の種類

本節では、水原園を管轄する県で実施され、筆者らが分析を実施した先述（第3章第2節1）の調査の結果（多賀ら 2012）に基づいて、児童養護施設で発生する暴力の傾向を見ていきたい。この調査は、2008年から2009年の1年間にA県管轄下のすべての児童養護施設内で起こった暴力事件を、各施設の職員が事件ごとに記録用紙に記入したものである。発生した暴力事件は、全部で711件である。

加害－被害の当事者の属性は、「児童から児童へ」が72・6%、「児童から職員へ」が19・2%、「職員から児童へ」が1・4%であった。なお、「その他」（6・8%）には、たとえば子どもの保護者からの職員に対する暴言や、実習生が子どもから受けた暴力などが含まれている（図4-1）。この結果からは、少なくとも職員が目撃した暴力のほとんどが子ども間で生じていることがうかがえる。また、職員に対する暴力も2割ほどみられる。

次に、暴力の種類である。「身体的暴力」が79・3%、「精神的暴力」が21・2%を占めている。「性的暴力」（4・9%）も一定程度見られた（図4-2）。つまり、身体的暴力がほとんどを占めているわけだが、これは、児童養護施設内で身体的暴力ばかりが起こっているというよりも、それが職員にとって見えやすいということがあると考えられる。東京都で実施された施設内暴力の調査（黒田 2009）

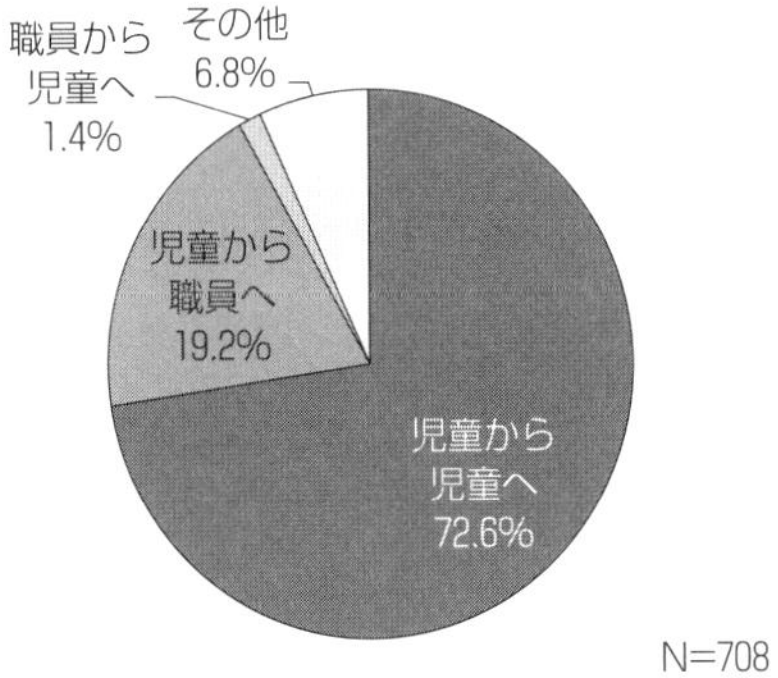

図4-1　加害／被害の属性パターン

（出所）多賀太ら（2012：111）

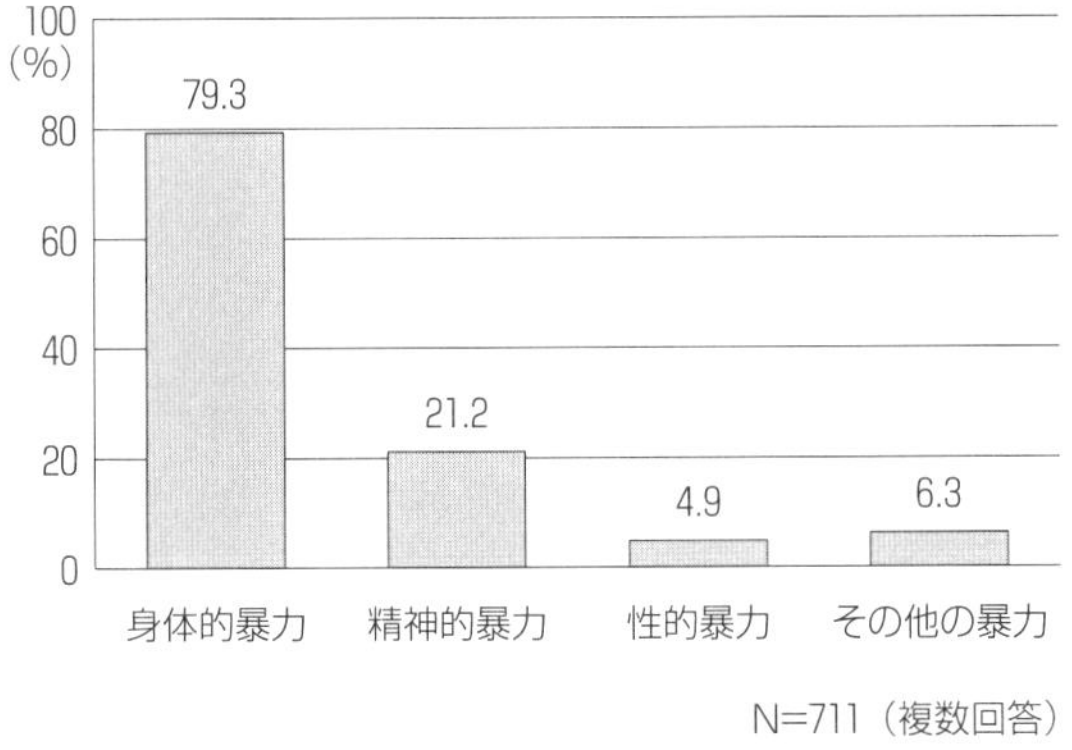

図4-2　暴力の種類

（出所）多賀太ら（2012：105）

でも、暴言や無視などの行為は判断しにくいことから、対象を身体的暴力に絞っている。

2　当事者の性別と年齢

続いて、暴力の加害–被害関係を性別の比率からみてみる。「男性から男性へ」が半数（53・0％）を占め、「女性から女性へ」（20・0％）と「男性から女性へ」（19・3％）が2割程度、「女性から男性へ」は1割以下（7・7％）であった。同性間での暴力の割合が7割を占めており、加害者が男性である割合が7割以上となっている（図4–3）。

図4–4は、子ども間での全暴力事件について、加害者の年齢から被害者の年齢を引いた値をカウントした結果を示したものである。最も頻度が高いのは、「同年齢」間で生じているパターンであり、全体の2割（20・3％）を占めている。また、年齢が異なっていても、比較的近い年齢の子ども間で暴力が発生する傾向が強いこともうかがえる。同年齢間や近い年齢間で多かった要因は、比較的近い年齢間の方が一緒に遊んだり同じ時間帯に勉強したりするなどで行動をともにすることが多く、その分暴力を誘発する機会も多いためではないかと考えられる。

「年上から年下」「同年齢」「年下から年上」の3パターンで比較すると、これまで指摘されてきた通り、最も割合が高かったのは、「年上から年下」へのパターンであり、他の2パターンの割合が2割程度であるのに対して、「年上から年下」へのパターンはその約3倍の6割弱（58・8％）を占めて

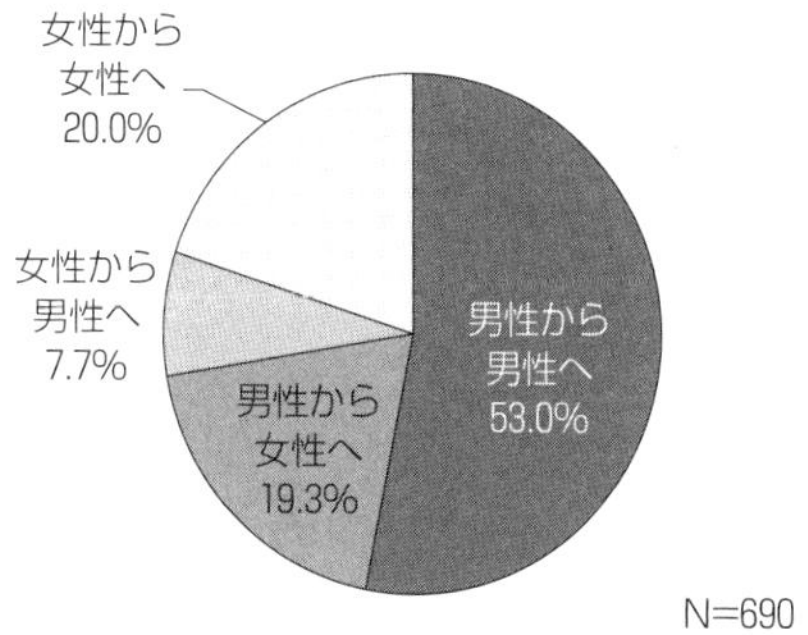

図4-3　加害／被害の性別パターン

（出所）多賀ら（2012：112）

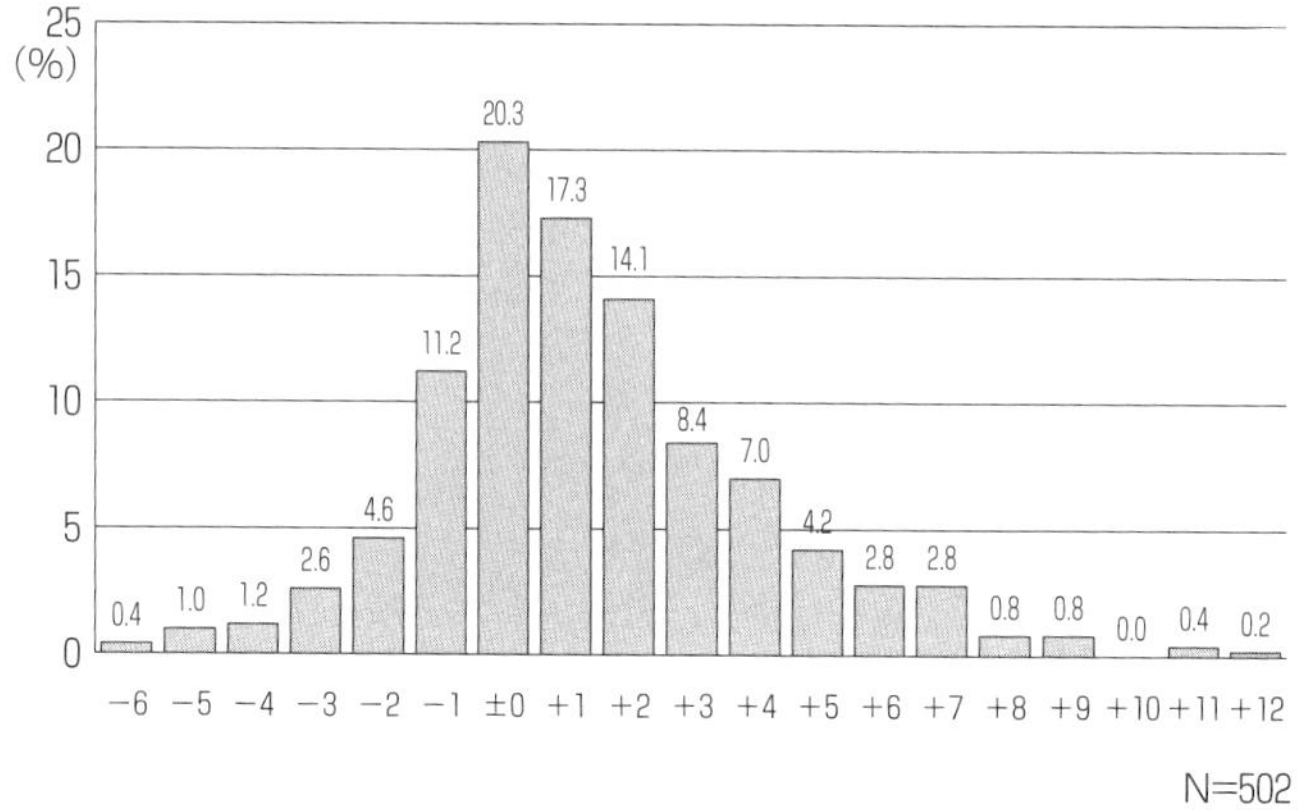

図4-4　加害者－被害者の年齢差（児童のみ）

（出所）多賀ら（2012：116）

いる。

3　暴力行為発生の背景

最後に、暴力発生の背景をみてみる。図4-5は、暴力発生の背景についての自由記述回答を、「被害者の行為が暴力の誘因になったと考えられるか」どうかという観点からカテゴリー分けし、各度数をカウントした結果を示したものである。

被害者の行為が暴力の誘因になったと考えられるという回答が、8割近く（76・8％）を占めており、職員が、施設内暴力の多くを、加害者による被害者のなんらかの行為に対する反応ととらえていることがわかる。このことは、必ずしも被害者に非があることを意味しない。たとえば、これらのなかには、職員や他の子どもに生活態度や施設のルールについて注意を受け、その反応として暴力が生じたケースなども多く含まれている。他方で、被害者の態度の悪さがきっかけとなっているようにみえるケースも少なくない。

以上の結果からは、いくつかの傾向が指摘できる。一つは、児童養護施設では比較的年齢の近い男

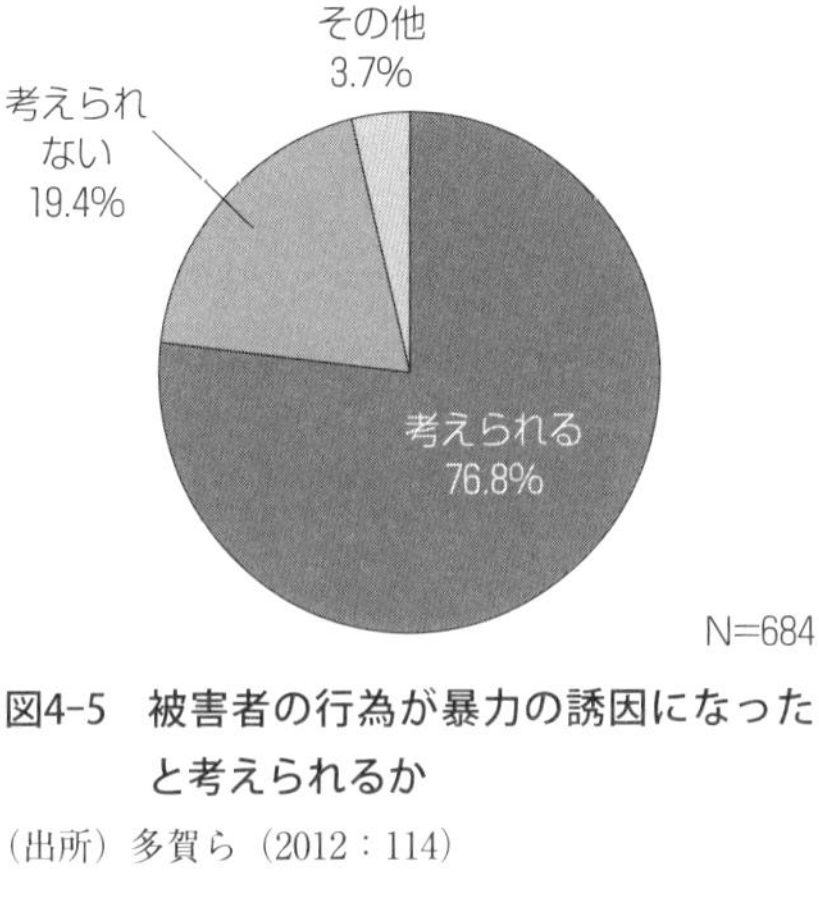

図4-5　被害者の行為が暴力の誘因になったと考えられるか
（出所）多賀ら（2012：114）

子の身体的な暴力が頻繁にみられること、そしてもう一つは、多くの暴力が被害者の行為に対する反応とみられることである。

これらの傾向を踏まえて、次節からは、水原園の男子同士で発生する暴力を子ども集団の仲間文化の観点から考察する。

第3節　他者に対する優越を志向する仲間文化

1 「おまえが悪い」――「注意」とともに叩く

水原園では、ボランティアを積極的に受け入れ、職員とボランティアとの交流会も開くなど、外部の目や意見を取り入れて、養育環境をよりよくしようとする試みもなされていた。しかし、子ども間でのトラブルの対応に、多くの職員は苦慮していた。

職員は、明らかに力の強い子どもが、年少の子どもや力の弱い子どもを一方的に叩いたり、いらいらのはけ口として急に怒鳴ったりという行動に対して注意していたが、職員の注意によってその場はおさまっても、多くの子どもは同じことを繰り返してしまう。職員たちはこうした事態に常に直面していた。

水原園でみられた子ども間のトラブルの特徴として、子どもが、他の子どもの行動を「注意」する際に暴力が発生するというものがある。施設の子どもの攻撃的な行為や態度には、子どもが施設に措置される前に、親をはじめとする保護者から受けた「体罰」のような暴力を学習していることがあるといわれる（森田 2006：106-107）。子どもが保護者から受けた「体罰」という暴力を学んでいるとすれば、他者への「注意」と同時に暴力行為が生じるというのは、施設に措置される以前の生活に由来する施設の子どもの典型的な暴力の形と考えられる[2]。

たとえば、ある子どもが、宿題をせずふざける他の子どもに対して注意すると同時に攻撃する場面である。

【事例　学習室】

［普段学習を嫌う］タカシ（小学校3年生・A室）が珍しく学習室でせっせと宿題（漢字ドリル）をやっていた。　―中略―　ユウ（小学校3年生・B室）がふざけて、タカシの机に手を乗せて騒いだとき、机が揺れてしまい、（タカシが書いていた）「言葉」の「葉」の字が乱れてしまう。すると、タカシは目の前にあったユウの髪の毛をぐいっとつかむ。「やめろや！　言葉の葉が！」と怒鳴る。「どっか行けや！」（タカシ）といわれ、ユウ、無言で髪の毛が乱れたまま学習室を出る。

【2012年1月中旬フィールドノーツ】

こうして、暴力をふるった子どもが、その被害を受けた子どもに対して「おまえが悪い」と指摘し、自身の行為を正当な「注意」であると付け加えることが多々みられた。多くの子どもは、学習室で相手に攻撃を加えた後、「おまえが悪いんやで、学習室で遊ぶから！」と主張する。

次の事例は、職員の言うことを聞かずふざけていたシンジ（小学4年生・C室）が、マコト（小学1年生・A室）の行為に怒って攻撃し、「おまえが悪い」と自身の行為を「注意」として正当化する場面である。

【事例　学習室】

水谷さん（20代女性職員）がシンジに「遊びにいこうと思ってるやろ？　ちゃんと宿題終わらしてな」とくぎをさしていた。しかしシンジは、机の上の水筒を鉛筆でかーんと叩き出す。かんかんかんと連続で鳴らしていると、

「やめて、うるさい」（水谷さん）。

「これでもうるさい？」（シンジ、水筒を軽く叩く）。

「う、る、さ、い」（水谷さん）。

「ええー、これでも？」（シンジは水筒を叩くことをやめず、宿題はしない）。

すると、前の席に座って宿題をしていたマコトがにやにやしながら、鉛筆でシンジの水筒をかーんと打つ。「なにすんねん」とシンジは不機嫌にいい、前を向いたマコトの肩を鉛筆で突き刺

すように叩く。マコトは顔を歪め、痛がる。
「おまえが悪いんやぞ。勝手に人の叩くから」（シンジ）。
マコトは反論することなく、宿題を続ける。

【2011年10月上旬フィールドノーツ】

シンジは、職員の話を聞かずに遊びを繰り返すが、「勝手」なことをするマコトに対しては、すぐに「注意」として攻撃を加える。このとき被害を受ける子どもは、暴力をふるう子どもよりも年少の子どもであることが多かった。

一方で、同い年であっても、力関係が形成されている場合もある。次の事例で登場するユウとカズオは、同学年で、どちらも普段から落ち着かない様子が目立つ子どもである。だが、ユウのほうが集団のなかで地位が低く、より攻撃の対象となりやすく、集団内から排除されることもあった。このユウが子ども集団から排除されやすかったのは、ユウが水原園にほとんどいないニューカマーの子どもであったことも関係していると考えられる。

【事例　学習室前の廊下】

今日は学校が午前中に終わっていたので、「子どもは」みんな自由に遊んでいた。宿題をやっている者もいない。子どもたちは廊下でおもちゃの銃などを使って、戦隊ごっこのようなことを

していた。そのなかで、ユウ（小学校3年生・B室）が仲間に入れてもらえない様子だった。遊びの最中、

「俺も［遊びに］入ってるよな?」（ユウ）

「入ってへん」「知らん」（ほかの子どもたち）

「（仲間に入れてもらうには）誰に言えばいいん?」（ユウ）

「ヒカル（小学校3年生・C室）」（ほかの子どもたち）

と、［この場にいないヒカルの名前を出され、ユウは］仲間に入れてもらえなかった。

【2011年4月上旬フィールドノーツ】

以下の事例は、宿題をやらずにふざけるユウをカズオが攻撃し、「せっかく教えてくれてるのに!」と注意する場面である。

【事例　学習室】

ユウ（小学2年生・B室）のかけ算の宿題を筆者が手伝う。ユウは今日、わがままが多く、なかなか宿題をやろうとしない。ユウは「わからん」とごねた後、にやにやしながら、「ここに答えがあるねんで～」と、かけ算を計算するのをやめて、ランドセルのなかの答え（かけ算の答えが書いてある下敷き）を見ようとする。そこでいきなり隣に座っていたカズオ（小学2年生・A室）

が、ユウのほおに向けてパンチ。パンチ自体は当たらなかったものの、パンチでユウのもっていたえんぴつが押し出され、ユウの頬に強く押し当たり、ユウは泣く。カズオは、「せっかくお兄ちゃんが教えてくれてるのに！」と、怒って注意したようだった。

【2010年11月中旬フィールドノーツ】

この事例は、カズオが規範的な意識から学習時間中にふざけるユウの態度に苛立ち、手を出してしまったように見える。しかしカズオもまた、自分の宿題となるとユウのような態度を取ることが多いのである。

提示した事例にみられるように、暴力行為を行う子どもは多くの場合、相手を注意しながらも自らの行いは棚上げしていた。こうした子どもの暴力を、職員は日々の生活のなかで抑制しようとするが、子どもはたとえ職員に厳しく注意を受けたとしても、同じように繰り返していた。

2 優越志向の仲間文化

「注意」としての暴力行為の発生の背景として、子どもが水原園に措置される以前の生活で、保護者から受けた体罰を学習していることは十分考えられる。しかし、たとえそうだとしても、調査では、そうした暴力行為の発生をより促進させる仲間文化が、水原園の子ども集団で形成されている様子がうかがえた。それは、他者に対する優越を志向する仲間文化である。

水原園では、子どもの多くが「他者を貶める」行為によって優越感を得ようとしていた。たとえば、学習時間に自分の課題は放置して他の子どもの「落ち度」を指摘する。このときの子どもは自分のことは棚上げし、職員に注意を受けていた。こうした様子からは、子どもたちはまじめに課題をこなすよりも、他人の悪い点・劣っている点を見つけ、指摘し、「その場だけの」優位を得ようとしていることがうかがえる。

このような子どもの振る舞いは日常的で、多くの子どもが同じように振る舞っていた。長年子どもたちをみてきた主任児童指導員の坂本さんは、こうした子どもたちの様子を、人を「見下し」、「優越感にひたる」と表現する。

坂本さん：[子どもたちは] 人をおとしめるというか、すぐ [人を] 売りよるやろ。日常ですよ、うん。見下すほうが楽だし。自分よりできていないことを指摘して、優越感にひたる（2011年12月インタビュー）。

子どもたちは、相手の欠点や弱みを一種の資源として「優越感」に浸ろうとする。そうした日常行為が繰り返されながら、水原園の子ども集団の仲間文化は形作られている。

この子ども集団の仲間文化において、優越する対象となるのは子どもだけではない。子どもは、ときに若手の職員に対しても優越の態度を示す。子どもはしばしば職員に注意を受けるが、ベテランの職員や一部の職員をのぞいて、次の事例にみられるように、ときに20歳近く年上の職員に対して対等に「口答え」してみせる。

【事例　学習室】

ハル（小学校1年生・C室）は今日、職員の言葉を無視するなど態度がよくなかったため、子どもがいなくなった学習室で職員の大石さん（20代男性）に説教を受けていた。ハルはイスにもたれ、不満げである。

大石さん：何その態度。
ハル：（無言）。
大石さん：おかし［く］ない？
ハル：何がおかしいねん（小声で言い返す）。
大石さん：何その態度？（やや語気を強める）
ハル：（気にせず、そわそわ）。
大石さん：聞けや！（声を荒げる）。
ハル：聞けやなんて言われたら。
大石さん：聞ぃてくださぃー！（強い口調）

大石さん：聞こえないなら、病院行ったらどうですかー？（ハルの耳を触りながら言って、指導を諦める）。

ハル：（無言）。

【2011年5月下旬日フィールドノーツ】

ハルは、小学校低学年の子どもだが、「聞けや！」と怒鳴る職員にその口調の荒さを指摘する余裕をみせる。職員は、規範の伝達としてたびたび子どもの言葉づかいを注意するが、上の事例からは、子どもの側がそうした指導を自分の有利になるように使っている様子が見て取れる。水原園の子どもたちは、子ども同士だけではなく、職員間の上下関係や力量も知っており、職員であっても可能であれば優越しようとしていたのである。

片田孫朝日による学童クラブの調査研究では、子どもが、自分たちを職員がどのようにみて、どのように指導するのかを読み取りながら、ときに大人の注意を利用しながら自分たちの実践を繰り返している様子が示されている（片田孫 2014：205-208）。これは職員に対してだけではなく、筆者を含めたボランティアに対しても同様であった。

【事例　学習室】

タカシとカズオ（ともに小学校2年生・A室）の夏休みの計算プリントの手伝い（足し算の筆算）。

カズオは［筆者とともに］解いたはずの問題の答えを書いておらず。しかも［答えを忘れてしまい］わからなそう。こちら（筆者）がちょっと呆れて、

「おまえなぁ」（筆者）

というと、タカシとカズオはこちらを指さして、

「あ、おまえって言った！」（タカシ・カズオ）。おそらく職員に人のことをそう呼ぶなといわれているのだろう。二人はこちらの背中に乗るようにしてにやにやしている。筆者は「すみません」と謝り、「カズオくん、ここはさっき自分で（答えを）言ってたろ？」と学習の手伝いを続けた。

【2011年8月上旬フィールドノーツ】

このような子ども集団の仲間文化の観点から子ども間で発生する暴力を考えると、水原園の子どもにとって暴力は、子ども集団のなかで優越を示す手段としての側面をもっているといえる。なぜなら、他者に対する攻撃は、相手が抵抗できない場合、「手っ取り早く」優位に立つことができる手段だからである。日常のなかで相手より優位に立とうとすれば、学業やスポーツ、あるいは模範的な行動によって優位性を確保できるかもしれないが、すべての子どもがそうできるとは限らず、時間もかかる。その場ですぐ優位に立つために、他者の行動の問題点を指摘するのである。しかし、自分も問題行動とみなされる行いをしている場合、問題を指摘しても、「そっちもできていないじゃないか」と正当性を疑われて優位に立つことができない。そこで、そうした子どもは、「相手が悪い」ことを伝える

際に、抵抗できない者を標的にして、身体的攻撃や威圧的態度とセットにして伝えることで、「その場だけの」優越を獲得していたのである。

また、こうした行為のほとんどは、暴力をふるう子どもよりも、被害を受けた子どもが年下であったり力が弱かったりで、被害を受けた側が抵抗できない状況で発生しており、「注意」の形態の暴力が、年下の子どもから年上の子どもに行われることはほとんどなかった。これは施設の子ども集団において、上下関係がはっきりしているからであり、一見衝動的にみえる暴力が、子ども間の力学に基づいて発生していることを示している。

子どもが「暴力はいけない」という姿勢をみせることもある。しかし、水原園の子ども集団では、多くの子どもが同じように暴力を振るっているため、ある子どもが「暴力はいけない」と暴力を否定する発言をしたとしても、自らの問題を棚上げしているということになってしまい、逆にほかの子どもから非難の対象にされることになる。

この象徴的な場面が、ユウジ（小学校5年生・B室）が、年少者に凄んだり叩いたりしていたタカシ（小学校3年生・A室）に対して「暴力はあかん」と諭すが、それを他の子どもから「おまえが言うな」と非難される場面である。

【事例　学習室】

学習室。ユウジが、トラブルの目立つタカシに対して「なんかされたからって、人に暴力振るっていいのか。暴力はあかん」と諭す。タカシは無言で俯いたまま聞く。
しかし、帰宅してランドセルをおろしているトモキ（小学校5年生・C室）が突然、（ユウジに）「おまえが言うな」と吐き捨てるように言う。ユウジは反論せず、無言。ユウジ、タカシ、トモキは無言のまま、学習室をばらばらに出て行った。

【2011年7月上旬日フィールドノーツ】

子どもたちは、誰かを叩くこと、攻撃することはよくないと理解はしている。もし日頃誰も攻撃しない子どもが「暴力はいけない」という姿勢を見せれば、暴力行為を抑制するような説得力をもつものとなりうるかもしれない。しかし、ほとんどの子どもが何らかの形で人を攻撃している状況では、「おまえが言うな」と指摘され、「暴力はいけない」という態度は評価されず、集団のなかで無効化されてしまう。

3　伝播する暴力行為

提示してきた子どもの行為の背景には、水原園に措置されるまでの不安定な生活に起因する心理的・発達的課題もあるだろう。主任児童指導員の坂本さんが、「そうなぁ、［子どもは家庭で］理不尽なルールのなかで生活しとったし。被害の状況の側にいる子たちが多いからねぇ」というように、「理不尽なルール」のなかにいた子どもたちは、暴力的な上下関係をつくり、他者を自身よりも劣位に置くことで、傷ついた自尊感情を安定させようとしているとも考えられる。

一方で、水原園では、暴力的な行為がみられなかった年少の子どもが、子ども集団の仲間文化に促されて発生した暴力の被害を受けることを通して暴力行為を学習するという、子ども間での暴力行為の再生産がみられた。前述したように、子ども集団の仲間文化において暴力による優越の対象となる子どもは、暴力をふるう子どもより年少であり、叩かれたり怒鳴られたりしてもほとんど抵抗できない子どもであった。そうした子どもに、暴力的な行為が伝播していたのである。主任児童指導員の坂本さんは、「いじめられてる子が、やがて、ねえ、被害は加害に出る」と述べており、子ども間の暴力行為の再生産は、施設内の大きな課題であった。

この点について、小学校2年生・B室のマモルの事例をもとに、立場の弱い子どもが攻撃的な行動を学習し、子ども間の暴力行為が再生産されるプロセスを提示する。

マモルは2011年、小学2年生から水原園にやってきたのだが、当初はやや「まじめな」態度をとりすぎている印象があった。たとえば、「宿題はちゃんとやらなあかん」「字は丁寧に書かなあかん」「音読のときは、点と丸に気をつけて読まないとあかん」と、他の子どもをよく注意していた。しかし、施設での在籍年数が短いこともあり、マモルは施設内の男子の力関係において低いところにいるようであった。マモルは他の子どもから、「調子にのってる」「ぼこぼこにする」などと凄まれている様子がよく目についた。

【事例　学習室】

マモルは漢字や計算のプリントをやっていた。たまに筆者に「これでおう（当たっ）てる〜？」と言ってきて、答えを確認する。その後、他の児童も学習室にやってきた。

そこでタカシ（小学3年生・A室）とマモルの間でトラブルが起こる。宿題をしているマモルに、タカシが近づいてきて、「おまえ、調子にのってるやろ」と凄んだ。マモルは無言で俯く。タカシは、「ぼこぼこにするところや」とさらに凄んでいた。

今日はマモルが他の児童から攻撃されている姿が目立った。筆者がヨシタカ（小学4年生・A室）の宿題をみているとき、マモルが筆者に「これおう（当たっ）てる〜？」と何度か言ってきたことに対して、ヨシタカは「うるさい！」「しつこい！」と怒鳴っていた。

【2011年6月中旬フィールドノーツ】

このような状況が常に見られたわけではないが、その後もヨシタカがマモルに近づいて、いきなりマモルのランドセルを蹴り、「むかつくんじゃボケ！」と怒鳴るなど（2011年7月上旬フィールドノーツ）、他の子どもと比べ、マモルは攻撃の対象となることが多かった。

次第に、マモルから当初のような「まじめな」態度がみられることは少なくなった。それ自体は、施設に慣れ、過度に「まじめな」態度が攻撃対象になることを学んだ結果とも考えられる。しかし、マモルが年下の子どもと一緒にいるとき、荒い行動や攻撃を行っているのが目につくようにもなった。

事例は、それまで「まじめ」であったマモルが、明らかに職員の言葉を無視しはじめ、学習室でふざける様子である。

【事例　学習室】

宿題中。マモルとマコト（小学1年生・A室）が途中からふざけだし、マモルがマコトのランドセルを踏み出す。マモルは「ででで〜♪」と口ずさみ、大はしゃぎでランドセルを何度も踏みつける。そこへ職員の水谷さん（20代女性職員）がやってきて、「なにしてんの！」「ランドセルはそんなためのもんやない！」「学習室は勉強するところです！」と、しかるものの、マモルは前から体を押さえられても気にしない（職員の顔を見ず、気になった方向を見ている）。そして唐突に、「宿題終わった！　遊び行っていい？」と職員に確認し、学習室から去った。

【2011年12月中旬フィールドノーツ】

さらに以下の事例は、マコトとトオル（小学2年生・B室）がケンカしている最中、第三者のマモルが突然マコトに暴力を振るう場面である。

【事例　B室】

筆者が小学1年生のハル（C室）、マコトや他の子どもと話していると、トオルがやってきてマコトといざこざが起こった。マコトはトオルに対して「うああ」と叫びながら3回蹴る。トオルは「3回な、1、2、3!」と蹴り返す。「3回な!」とトオルの真似してマコトが蹴り返す。最初は軽いケンカだったが、どんどんエスカレート。トオルがマコトの上に乗り出したので、筆者がトオルを羽交い締めにして引き離し、止める。

このとき、「トオル、やり過ぎ」と言っていたマモルが、笑いながらなぜか無防備なマコトの背中を思いっきり蹴る。「うあああ!」とマコト、大泣きして廊下に飛び出し、職員たちと鉢合わせ。大騒ぎとなった。

【2011年12月下旬フィールドノーツ】

マモルの事例からは、子ども集団の仲間文化のなかで、年長や力のある同年齢の子どもから暴力による優越の対象とされた子どもが、職員の注意を無視するようになったり、年少の子どもに対して攻撃したりするようになる様子がうかがえる。

以上、マモルの事例を紹介してきたが、ニューカマーの子どもであり、子ども集団のなかで地位が低いユウもまた、同様に年少の子どもに暴力をふるいながら「おまえが悪い」と指摘する姿が目についた。以下の二つの事例は、ユウ(小学校3年生・B室)が、年少のマコト(小学校1年生・A室)に暴力をふるったり、威圧的な態度を取ったりする場面である。

【事例　学習室】

（宿題の最中）突然パンッ！と音。マコトがお菓子の袋を膨らませてつぶしたらしい。職員の松本さんが、「ここは勉強するところ。しんどい子もいるんだから、そういうことやめて」と注意。それで終わりかなと思ったら、「やめて！」とマコトが大声［をあげた］。振り返ると、ユウがマコトを叩いたようだった。「おまえが悪いんやぞ。変なことするから」とユウは一言。ユウが［学習室から］出ようとすると、マコトが頭を押さえて、「やめて！」という。近づいてきてぶつつもりと思っているようだ。ユウはそんな様子のマコトを無視して学習室の外へ［出ていく］。

【2011年10月上旬フィールドノーツ】

【事例　学習室】

マコトが床でランドセルの中をごそごそしていると、ユウが漢字ドリルでマコトの頭を叩く。「やめて！」とマコトは叫ぶ。その後すぐに、マコトに向けてユウがまた漢字ドリルを振り上げたので、こちら（筆者）が手で［漢字ドリルを］受けて止め、「そういうことやめな」という。ユウは無視し、再び［マコトに漢字ドリルで］攻撃。松本さんに「なんでそう人のこと叩くの！」と注意されていた。ユウはなにやらぶつぶつ言っていたが、聞こえず。

【2011年10月中旬フィールドノーツ】

子ども集団のなかで下の立場の子どもが、暴力を振るってくる上の立場の子どもに反抗することは難しい。しかしだからといって何もしなければ、立場が下のまま被害を受け続けることになるかもしれない。年少であったり同年齢間において弱い立場だったりして暴力の被害を受けていた子どもは、被害を一方的に受ける立場に留まらないために「手っ取り早い」優越の手段である暴力を学習することで、自分よりも弱い子どもとの関係で優位な立場を獲得しようとしていたのである。

相手より優位に立つ手段として暴力行為が発生し、それに対する抵抗は無効化され、伝播していく。こうした過程を通して、児童養護施設の子ども間の暴力行為は再生産されていた。

第4節　子どもたちにとっての暴力の意味

1 「暴力はいけない」と知っていても

水原園では、他の子どもへの「注意」という形で発生する暴力行為が、子ども集団で形成されていた他者に対する優越を志向する仲間文化のもとで、「手っ取り早い」優越の手段となっている側面があった。さらにそうした仲間文化のなかで暴力の被害を受けた年少の子どもが、他者に対する優越するための手段として暴力行為を学習することを通して、子ども間の暴力行為が再生産されていた。(3)

本章で提示した暴力の形態は、児童養護施設の子ども集団に限ったものではなく、たとえば学校・学級でも生じうるものだろう。しかし、水原園の子ども集団の関係には、施設に措置される以前の不安定な生活によって課題を抱えた子どもの集団生活や子ども集団の強い連帯、子どもと職員の人数比といった職員の体制の問題という要素が絡み合っている。そこでは、子どもは暴力を促すような仲間文化であってもそれに適応する以外の選択肢がほとんどなく、職員は子どもの仲間文化を変えるよう働きかけを行うことは難しい。こうした状況では、子どもが集団となる場ではどこでも起こりうる暴力であっても、施設ではより子ども間で伝播しやすく、その統制が難しいという問題があると考えられる。

水原園の子どもが「暴力はいけない」というときもあるように、子どもたちも暴力的なふるまいを「好きでやっているわけではない」ということが読み取れる。少なくとも、一定数の子どもは、他者に優越する他の手段が確保され、かつそれが集団から非難されなければそちらを選んでいるのではないかとも思われる。

他者に対する優越を志向する仲間文化それ自体は、決して暴力だけを引き起こすわけではない。時には競争心を引き出したり、そのための努力につながったりもするだろう。むしろそれは、自尊感情が損なわれた子どもたちが、施設で暮らすなかで自分自身を少しでも肯定するために、子どもたちが能動的に作り出してきた規則や価値観ともいえるかもしれない。

懸念されるのは、水原園の子どもの仲間文化のなかで、職員側の規範が子どもたちの「注意」としての攻撃の根拠として利用される場合である。子どもたちの「優越」は、自らの問題を棚上げした「その場限り」のものである。その暴力に正当性を与えるため、子どもは、他の子どものルール違反への反応として、統制する側である職員の言動をある種の資源として利用し、暴力をふるっていたことがうかがえる。

こうした暴力の抑制が難しい要因の一つとして、少なくとも、先行研究で指摘されてきたように子どもの人数と比べて職員の人数が非常に少ないという、子どもと職員の人数比の問題が挙げられるだろう。さらに、現在の施設の体制では、職員が子ども一人ひとりに十分な対応をすることは難しいが、子どもが問題を起こせば職員は対応せざるをえない。そうなれば、その間、問題を起こした子どもは職員の目を独占し、職員に構ってもらうことができる。このように、子どもにとって暴力は、職員の目を自身に向けるための手段としての側面もあると考えられる。

これらの子どもにとっての暴力をふるう意味を考慮すると、施設の子どもたちの暴力は、子ども集団の仲間文化のなかで、そして施設生活のなかで「なんとかやっていく」ための手段としての側面をもっているといえる。たとえ「いけないこと」とわかっていても、暴力をふるうことにポジティブな意味が見出されてしまっているのである。

2　子ども間暴力を防ぐために

２００８年児童福祉法の改正にともない、「被措置児童等虐待」の規定が設けられた。「被措置児童等虐待」とは、乳児院や児童養護施設等の施設に入所している児童や里親に委託された児童、一時保護所入所中の児童を対象とする、職員などによる身体的虐待、性的虐待、ネグレクト、心理的虐待をいう。子ども間の暴力は、これを放置していることをもってネグレクトとすることで、被措置児童等虐待の範疇にされている。このように職員には、子ども間の暴力への対応が強く求められている。

職員が、子ども一人ひとりと基本的信頼関係を構築できるような体制の整備が求められることは疑いようがない。しかし、子どもの暴力問題の対策には、単に職員と子どもの人数比の問題を解決するだけでは不十分な側面もあるだろう。近年、子どもの定員6名の地域小規模児童養護施設など、施設を小規模化する動きが広まっているが、施設を小規模化し定員を少なくしたとしても、そこで生活する子どもの文化が変わるとは限らないとも指摘されている（谷口 2011：183）。海外の施設研究を見ても、たとえばイギリスの少人数での施設養護においても、子ども間で発生する暴力は大きな課題として取り上げられている（Barter et al. 2004＝2009）。だとすれば、職員と子どもとの基本的信頼関係を構築し、暴力を抑制するための対策を効果的なものにするためには、職員と子どもの人数比の問題の解決を目指すだけではなく、子ども集団の仲間文化を理解して取り組むことが求められる。なぜなら、子ども集団の仲間文化の論理を考慮しない働きかけは、子どもたちにとって自分たちのルールが無視されることを意味し、反発を招くおそれがあるからである。

では、本章で示したような子ども集団の仲間文化を理解することで、どう子どもの暴力を抑制する方策に役立てることができるだろうか。

他者に対する優越を志向する仲間文化が暴力を引き起こす要因だとすれば、子どもが他者よりも優越しようとして取る手段を、暴力以外のものに変化させることで、暴力の減少や抑制につなげることができると考えられる。たとえば、児童養護施設では、園内で独自のスポーツチームを作ることがみられる。これは、子どもにルールに則った形で他者と競い合い、優越する手段を提供しているともいえる。しかし、暴力の抑制につなげるためには、一つのやり方ではなく、子どもが多様な競い合いを体験できる環境が必要である。というのも、彼らは互いで優劣を競い合っており、競い合いの手段が少なければ、そのなかで劣位から抜け出せない子どもが暴力的にふるまうことになりうるからである。このように考えると、施設の集団生活のなかで、子どもが特定の職員だけではなく、それ以外の職員とかかわり、優越の感覚を得るためのさまざまな手段を学ぶことが必要となるだろう。これはむしろ、複数の職員がいるからこそできることであり、「子どもの数を減らす」のではなく、「職員の数を増やす」ことで暴力の抑制に役立てるやり方を見出すこともできるのではないだろうか。

このように、暴力をふるう子どもたちを、「分別なく暴力をふるっている」とみなすのか、「悪いとはわかっているが、やらざるをえなくなっている」とみなすのかによって、暴力問題への対策や子どもたちへの介入は変わるだろう。子ども集団の力学を理解し、それが個々の子どもの行動をどのように左右しているのかを見極めることで、問題の悪化を防いだり、緩和につながったりする可能性もあるのではないか。このように、子ども間での暴力の対策のためには、「暴力はいけない」という規範的な態度を伝えることとは別に、子ども集団の仲間文化を考慮し、子どもたちがどのような論理で暴力を正当なものとしているのかを見極める必要がある。

本章の知見は、児童養護施設の子ども間での暴力問題を考える際、それを子どもの発達的・心理的側面だけではなく、より多角的な理解、具体的には子ども集団の仲間文化への理解が必要なことを示すものである。児童養護施設の子どもの暴力が問題化される動きのなかで、施設の子ども間の暴力を子どもの内的な問題としてのみとらえたり、単純に職員の責任としたりすることは、施設の実態をとらえ損なうおそれがあるといえる。その意味で、暴力発生の背景としての子ども集団の仲間文化への理解は、施設の子どもが通う学校や、施設を評価する第三者評価機関など、児童養護施設の外部により必要とされているといえるだろう。

次章では、コミュニケーション上の課題があるなかでの、子どもの学習環境の様相を示していく。

〈注〉

（1）「暴力」は一般的には、なんらかの形で他者を傷つける行為を指して用いられている。暴力はその手段や発生の場面によってさまざまに分類されており、何を暴力とみなすのかは社会的文脈によって異なる（宝月 1980：37-39）。暴力をどうとらえるかという議論は多くあるものの、本章では、児童養護施設で課題とされている子ども間の対面的状況においての攻撃に着目するため、暴力を身体的もしくは精神的・言語的な攻撃に絞って扱う。

（2）もちろん、子どもの暴力の形はさまざまである。三品拓人は、児童養護施設の男子の身体的暴力に着目し、施設内でさまざまな暴力が発生していること、そしてそうした暴力がコミュニケーションの手段の一つとなっていることを指摘している（三品 2019）。

（3）本章の知見は、男子の暴力と仲間文化を分析した結果であり、本章の知見が女子の暴力にそのまま当てはまるかどうかについては留保が必要である。ジェンダーと暴力の研究では、男子の暴力は身体的暴力やあからさまな悪口など目につきやすい直接的な暴力をともなう傾向があると指摘されており（Askew & Ross 1988＝1997）、また、そのような行為が男子集団の仲間文化を形成しているという指摘もある（片田孫 2014）。他方で、女子の暴力は、直接的な暴力よりも無視したり嫌悪感を示す仕草をしたりといった傍目からは攻撃とわかりにくい形を取りやすいともいわれている（Simmons 2002＝2003）。これらの研究を踏まえると、本章の事例で示した暴力は、直接的な暴力であり、施設の「男子間暴力」の特徴を表しているのではないかとも考えられる。

第5章 児童養護施設における学習支援の様相

第1節 児童養護施設の子どもの教育達成と学習支援

1 児童養護施設の子どもの教育達成

児童養護施設は子どもの自立を支援する場であるが、子どもが退所した後、貧困状態に陥る可能性が高いことが長年の課題としてあげられている（松本 1987：西田編著 2011）。このような課題に対応するため、施設退所後の支援とともに、施設内の支援の充実が図られてきた。その一つが学習支援である。施設の子どもの教育達成の問題は、子どもが高校に入学できない場合、施設を退所することが慣例とされてきたために、以前は「高校進学問題」（小川ら編著 1983）が議論されていた。しかし現在は、議論の対象が、高校進学から大学等への進学へと移行してきている。[1]

児童養護施設の子どもの高校進学率は、中卒者全体の数字と差がなくなりつつある。日本の施設を調査した文化人類学者R・グッドマンによれば（Goodman 2000＝2006：230）、１９６１年には、一般家庭の子どもの全日制高校への進学率は59・３％であったのに対して、施設に在籍する子どもの高校進学率は５・８％と大きな開きがあった。しかし直近では、厚生労働省によると、２０１９年度末に中学を卒業した施設の子どもの94・９％が高校等に進学している。学校基本調査によると、２０２０年５月１日現在の全中卒者のうち高校進学者は98・８％であり、中卒者全体の数字とはまだ差があるものの、施設の子どもの高校進学率が中卒者全体の数字と同等に近づいていることがわかる（厚生労働省子ども家庭局家庭福祉課 2021：122）。

その一方で、大学等への進学率は、高卒者全体の数字と比較すると未だに大きな差がみられる。厚生労働省の調査によると、２０１９年度末に高校等を卒業した施設の子どものうち、大学等へ進学した子どもの割合は、17・８％であった。学校基本調査によれば、２０１９年度末に高校等を卒業した全高卒者のうち大学等へ進学した割合は、52・７％であり、全高卒者の数字と比較すると大きな差がみられる（同：122）[2][3]。

また、大学等への進学を達成した後の問題もある。ＮＰＯ法人ブリッジフォースマイルの調査によれば、２０１８年６月現在で把握された児童養護施設出身者のうち、２０１７年４月に大学等へ進学した１３２人中１８人（13・６％）が、進学から1年3か月経過した時点で中退していたという。文部科学省による「学生の中途退学や休学等の状況について」（文部科学省 2014）では、２０１２年度内に大学・短期大学・高等専門学校を中途退学した学生の割合は、2・7%であった。調査の時期や範囲が異なるために、単純に比較することはできないが、これらの結果からは、施設出身の学生の大学等の退学率がかなり高いことが示唆されている（ブリッジフォースマイル 2018：10）。

梅木幹司ら（2014）は、児童養護施設退所者の経済的な支援を行う山口福祉文化大学（現・至誠館大学）の学生らを対象とした質問紙調査の結果から、施設退所者の大学進学後の困難を考察し、学費負担の軽減のみではなく生活費のためのアルバイトと学業の両立や、人間関係への悩みなどが、施設の子どもはそうでない子どもに比べて深刻であると指摘している。これらによって、大学等に進学したとしても、中退となるという問題が浮上しているのである。

2 児童養護施設における学習支援の課題

児童養護施設の子どもの大学等への進学が難しいことについては、子どもの家庭および施設の経済的事情が大きいとされてきた（Goodman 2000＝2006：228-243；妻木 2011；西田 2012：200-227など）。施設に措置された子どもの多くは、家庭が貧困であったり、あるいは家庭の援助をまったく得られなかったりする環境にあり、経済的な困難に直面する。施設の子どもは、保護者などからの金銭的援助がまったく受けられずに大学進学を目指す場合、「入学金」「授業料」等の学費に加えて、生活費や賃貸などの住居費用を用意しなければならない。このような経済的事情によって、子どもの大学等への進学が難しくなっていることで、施設の子どもや職員が学習に長期的なビジョンをもちにくくなる。大学等まで進学する子どもがあまりいない状況では、施設の子どもは、将来の大学等への進学を選択肢としてもちづらくなりがちである（妻木 2011：144-145）。

このように児童養護施設の子どもが、大学等への進学費用を用意することは難しい。これに対して、近年、施設の子どもの教育を支援すべきと政策上の方針が掲げられてきた。２００９年からは、施設で暮らす中学生の通塾が実費で国から保障されている。また、施設の子どもを対象に進学を支援する助成金を提供している団体が多くなってきている。さらに、２０２０年４月からは、高等教育機関の授業料等を減額・免除する高等教育の修学支援新制度が開始され、施設の子どもの進学費用の負担は改善されつつある。

その一方で、子ども自身に、児童養護施設に措置される以前の環境が主な原因で学習の遅れがみられることもあり、勉強や進学に対する意欲が向上するための学習支援の必要性が指摘されてもいる。厚生労働省による「児童養護施設入所児童等調査結果」では、２０１８年2月1日現在、施設に入所中の子どものうち、４割近くの子どもの学業状況に「遅れがある」という結果が示されている（厚生労働省子ども家庭局・厚生労働省社会援護局障害保健福祉部 2020：11）。このように、施設では、進学費用が賄えず、子どもの教育達成が低くなるという問題とともに、学習意欲の形成が難しいという子どもの学習上の困難が指摘されており、支援のあり方が模索されている。大学等への進学のみならず、不安定な家庭生活に由来する課題を抱えた子どもの学校教育への適応を促す意味でも、施設での学習支援は重要である。

こうしたなかで、職員による学習支援が不足しているという問題が指摘されている。先行研究で、主な焦点となっているのは、「子どもと職員の人数比」という構造的制約が、職員による学習支援を妨げていることである。子どもの人数と比べて職員の人数が少ないことによって、職員は、子ども一人ひとりに十分な学習支援を行うことが難しくなる。職員が個々の子どもに十分な対応ができない状況では、学習に熱心でない子ども集団のつくる勉強に不熱心な「雰囲気」を職員が変えられず、子どもがそうした子ども集団をモデルとして学習から遠ざかってしまうことも示唆されている（妻木 2011：146-147）。また、職員は、日々の多忙も手伝って、子どもの学習や進学支援の長期的な方針が立てづらくなっている。施設長に聞き取り調査を行った坪井瞳は、職員にとっては、施設に措置された子どもとの信頼関係や、不安定な家庭生活で乱れてしまった子どもの基本的な生活習慣の確立が最優先であり、子どもとその家庭の経済事情から子どもの進路が限られがちであることで、学習や進学の支援にまで職員の手が回らない状況があることを指摘している（坪井 2013：86）。永野咲は、施設の子どもの大学等への進学やその意欲には、職員のかかわりが大きく影響することを施設経験者へのインタビューから指摘しているが（永野 2012：37）、現状では、職員は、子どもの学習に十分かかわりをもつことが難しいのである。

こうした子どもと職員の人数比の問題によって、職員の人数を補うために学習ボランティアを活用することが子どもの学習状況の改善に必要不可欠な対策として指摘されている（榊原ら 2005）。ただし、職員とボランティア間で連携を取ることは難しく、中途半端な形の支援になってしまうこともあるという（坪井 2013：93）。

こうして、児童養護施設で学習支援が進まない現状があるが、職員の「意識の低さ」といった個人的な態度にその原因が求められがちでもある。西田芳正は、子どもの家庭環境や、支援が十分に行き届かない施設の環境面での問題を指摘しつつも、子どもの「能力の低さ」を理由として学習支援を優先しない職員の論理の問題もあるのではないかという。西田は、施設出身者へのインタビュー・データや手記から、施設・職員のなかには、施設の子どもは「能力が低い」のだから「学力が低い」のは当然だと考える者が少なくないのではないかといい、そのような職員の論理を、施設の子どもの学習支援が進まない要因の一つとしてとらえているのである（西田 2012：206–209）。

しかし、職員の個人的な要因には必ずしも還元できない、職員の学習支援を阻む児童養護施設の構造的要因にも目を向ける必要がある。つまり、職員が子どもの学習に対してどのように働きかけているのかを、施設の文脈を踏まえながら把握することである。

これまでの児童養護施設研究では、施設経験者の語りや職員へのインタビューから、子どもが学習に集中できないことや職員が学習支援を十分にできないことが語られているが、実際の施設の学習時間において、子どもや職員がどのようなやり取りを行っているのかはほとんど明らかにされていない。

そこで本章では、水原園の学習場面において、子ども間および子どもと職員間でどのようなコミュニケーションが行われているのかを明らかにすることを通して、水原園の学習支援の様相を示す。そのうえで、児童養護施設の構造的制約のもとで、職員が施設の学習環境をどのように支えているのかを考察したい。

第2節　児童養護施設における子どもの学習状況

1　水原園の子どもと学習状況

本節では、水原園の子どもの学習状況と学習支援の体制、そして子どもが学校から施設に帰宅した後の学習時間の流れを詳細に示したい。

調査時、小学生は、学年ごとに2、3人ほどおり、勉強がよくできる子どもや、得意な科目や苦手な科目がはっきりしている子どもなど、その様子は多様であった。だが、各学年に少なくとも1人は、学習がうまく進んでいない子どもがいた。具体的には、繰り上がりのある筆算や九九でつまずいたまま学年が上がってしまい、簡単な割り算はできるが2桁の引き算の筆算はできない子どもが複数いた。

学年が上がるにつれて、子どもの勉学への関心が高まり、学力が向上していく子どもがいる一方で、低学年時から学習意欲が低くなってしまった子どもの多くは、学年が上がるごとに意欲を低下させていた。学習意欲の低下は、小学校時点よりも中学生になって受験が近づくにつれてより深刻な問題になってくると考えられる。2010年、よく小学生の学習室にやってきて高校受験の勉強をしていたショウヘイ（中学3年生）は、初めて「マジメに」勉強を始めたらしく、学習室に来るたびに「マジメにやっていれば、中1のときに苦労しなかった」と繰り返していた。

各学年にほぼ1名ずつ学習に困難を抱えた子どもがいたが、例外として、本研究の調査開始当時の2010年時点で、小学校2年生であった子どもたちのなかには学習に大きな課題を抱えた子どもが多かった。また、ニューカマーの子どもも少数おり、日常の会話こそ問題ないものの、日本語の文章を読むことにやや課題がある子どももいた。付け加えれば、普段の学習意欲や態度に問題がなくても、ふとしたきっかけで子どもが不安定な精神状態になり、学習が進められなくなる場合も時折見られた。そのときは、大抵の場合、子どもは普段なら問題なく解ける問題であっても「わからん」を連呼し、机に突っ伏してしまう。

水原園の子どもの学習状況からは、学習環境の問題が2点浮かび上がった。一つは、子ども間で学力や学習意欲の差が広がっていたことである。もう一つは、職員あるいはボランティアが勉強に意欲のない子どもにかかわる機会が多いことで、勉強が「できる」子どもへの対応が暗黙のうちにおざなりにされてしまう可能性である。勉強がよくできる子どもは、そのぶん自分の時間を有効に使えるとも言えるが、勉強が「できる」子どもの学習意欲をより伸ばすことが難しい。あるいは、勉強が「できる」子どもの学習意欲を低下させるという問題を抱えてしまったことを見逃してしまう可能性もある。職員は、学習に課題のある子どもへの個別の対応と子ども全体への対応の両立という難しさを抱えていた。

2　水原園の教育方針と学習室

水原園は、児童養護施設の子どもの高校進学が現在よりも難しい時代から、高校進学を積極的に促してきた施設であり、以前からほとんどの子どもが高校まで進学している。それゆえ、職員は子どもの学習のためのボランティアや家庭教師を活用したり、中学校に入学した時期から子どもに通塾を勧めたりするなど子どもへの学習支援に積極的に取り組んでおり、子どもに学習機会を提供しようとする職員の意識は強い。

こうした職員の支援が可能となっている要因の一つとして、水原園が、公共交通機関のある程度充実した都市部に立地していることがあげられるだろう。もう一つの要因として考えられるのが、水原園の生活環境がある程度安定していることである。施設に措置される子どもは、生活習慣が乱れていることも多いなか、水原園には不登校の子どもがいないことからも、そのことが読み取れる。

しかし、水原園では、それぞれの子どもに対する学習支援の具体的な方針は立てられていなかった。２０１１年12月に実施した主任児童指導員へのインタビュー調査において、職員の学習支援の課題を詳しく質問したところ、日々の業務の忙しさに加えて、計画的に勉強して高校や大学を受験するといった経験をした職員がほとんどおらず、将来を見据えた勉強の具体的な計画の立て方やどのようにすれば効率的に子どもの学習が進むのか、子どもの学習意欲を向上させるためにはどうすればいいか、といった発想が生まれないことが学習支援の具体的な方針が立てられない一因としてあげられていた。

水原園では、小学生が宿題や自習を行うための学習室が設置されており、小学生は原則、学習活動をそこで行う。男女でフロアが分かれていることから、学習室もまた男女で別々に設置されている。

中高生は、基本的に自室で勉強しているが、時折学習室にやってきて勉強することもある。学習室には、小学生男子の人数分の机と椅子があり、最も前にある職員の机は子どもたちと向き合う形で置かれている。学校のように机のすべてが縦に並んでいるのではなく、小学校低学年の子どもの机は、職員の机を囲むように配置されていた。また、その後方に縦3列に机が並び、さらに窓側と廊下側の一列は、子どもが職員に背中を向ける格好になるよう机が配置されていた。学習室の見た目は、前方には黒板が置かれ、小学校の教室を思い出させる作りだが、広さは一般的な教室の半分程度である。そのほかに、学習室には前方と後方にいくつか本棚があり、やや使い古された国語辞典や英和辞典、教材用のマンガ、絵本、図鑑などが並べられていた。

学校から帰宅してから夕食までの時間は学習時間であり、小学生には学習時間内に宿題を終わらせるという「ルール」が課せられていた。学習時間の間、男子担当の職員は、職員用の机で業務を行いつつ子どもの宿題を手伝う。ボランティアがいる場合、ボランティアも子どもの宿題を手伝う。子どもは宿題を終わらせた後、翌日の学校の時間割通りにランドセルに教科書を入れ、翌日の準備も終わらせたことを職員に確認してもらうことになっている。筆者を含めてボランティアは、この確認作業をする権限がなかったため、職員が一時的に不在のときや多くの子どもの確認作業しているとき、早く遊びに行きたい子どもが不満そうにすることも多かった。

学習時間の作業の進行は、次の通りである。職員は、子どもたちが帰宅する時間帯になると、前方の黒板に小学生の子どもの名前を書く。小学校低学年の子どもが帰宅し、居室よりも先に学習室にやってきてランドセルを机に置く。その後で、学校の体操着や給食袋などの洗濯物を職員に渡してから宿題に取りかかる。

小学校低学年の子どもの宿題が終わるかどうかの時間帯に、中・高学年の小学生も続々と帰宅し、低学年の子どもと同様に学習室にランドセルを置き、体操着や給食袋などの洗濯物を出してから宿題に取りかかる。子どもは、洗濯物をすべて職員に渡し、宿題を終わらせて、次の日の学校の時間割通りに準備をしたうえで、それを職員に確認してもらう。

この一連の作業を終えることで、子どもは黒板に書いてある自分の名前を消し、園庭や友達の家など施設の外へ遊びに行くことができる。ただし、この一連の作業は目安であり、子どもが職員と話し合って宿題前に遊びに行ってもいいと言われることもあれば、子どもにあまりにも身勝手な行動が目立つ場合、遊びに行くことを職員が許可しないこともある。また、職員の言葉を無視して遊びに行ってしまう子どももいる。

子どもたちが自らの席に座って宿題を解いている間、職員や学習ボランティアが主に行っていたことは、子どもが落ち着いて学習できるよう環境を整えることであった。たとえば、子どもが「わからない」「教えて」と求めてきた場合に教えること、子どもの様子から助けが必要か判断して「どこかわからないところはない？」と聞くこと、職員が不在時に子どもがなんらかのトラブルを起こした場合に介入することなどである。

以上が水原園の子どもの学習状況と支援体制、学習時間の流れである。続いて、水原園の職員の学習支援がどう阻害されているのかを述べる。

第3節　フィールドにおける学習支援の阻害要因

1　水原園における子どもと職員の人数比

水原園の子どもの人数は80人前後であり、直接子どもとかかわる職員の人数は20人程度である。さらに、職員が緊急性の高い業務に追われている場合や、職員の交代のタイミングによっては、場面場面で1人の職員がかかわる子どもの人数はより多くなることもある。こうした職員と子どもの人数比は、職員が子ども一人ひとりとかかわる機会を制限している。たとえば、子どもが外へ遊びに行く際には、その日の宿題を終えて職員に声をかけてから行く取り決めがあるが、職員が業務に追われて学習室におらず、子どもが宿題を終えたことを伝えるために職員を探さなければならないことがある。

次の事例は、仲良しのシンジと遊びに行きたいリュウイチに職員が宿題を終わらせてからと告げた際、リュウイチが、職員が「すぐいなくなる」ことを責めている場面である。

【事例　学習室】

リュウイチ（小学校4年生・C室）が「遊びに行くけど、シンジ（小学校3年生・C室）は宿題終わらないと行っちゃだめ？」と、松本さん（20代女性職員）に聞く。「だめ」といわれると、リュウイチはシンジに宿題させようとするが、「シンジ、言い訳ばっか。宿題しない」といらいら。松本さんは「（シンジが）宿題をしてからまた声をかけて」と言うが、リュウイチは「すぐいなくなるやん！　知ってんねんで、探すのに時間かかるやん！」と不満を口にする。

【2011年9月上旬フィールドノーツ】

リュウイチの「すぐいなくなるやん！」という言葉に示されているように、職員は常に業務に追われており、子どもにとって必要なときに職員がいない、見つからないということはよくあることであった。こうした個別の子どもへの対応がうまくできない状況は、必然的に学習場面での対応にも影響していた。たとえば、子どもが多いために職員の統制が追いつかず、学習室が学習に集中できないほど騒がしくなってしまったり、子ども間や子どもと職員間でトラブルが発生してしまうことが多かったりする点があげられる。この他にも、子どもが宿題をしている最中に、「お茶を飲みにいく」「教科書を探しにいく」と言い残して学習室を出た後に他の場所で遊びだして戻ってこない場合でも、職員は他の子どもへの対応に追われてなかなか探しに行けないことも多かった。

2　水原園における子どもの進学と経済状況

本章第1節2でも述べたように、児童養護施設の子どもが大学等に進学するためには、子どもの家庭の援助以外の資金を工面しなければならないことが多い。水原園でも、子どもが大学等への進学を目指す際には、進学にともなう資金をどう工面するのかという課題があった。

水原園では、子どもの高校進学を積極的に促してきたことからわかるように、子どもの進学支援への意識は強く、職員は大学等への進学資金の援助を得るために、さまざまな制度が利用できることを子どもに伝えていた。その結果、子どもが高い進学意欲をもち、希望通りの大学に進学できたこともある。しかし、子どもがうまく大学等への進学のための助成金を獲得できるか、そして実際に進学できるかは、子どもの進学意欲やいつ進学へ向けた勉強を開始したのかにも大きく左右される。そのため、子どもの大学等への進学がいつもうまくいくとは限らない状況があるのもたしかであった。さらに、子どもの進学がうまくいかない場合、単に学歴上の問題だけではなく、子どもが友人と同じ人生上の経験ができないという問題があることも、主任児童指導員の坂本さんの言葉からうかがえる。

坂本さん：［どの大学かを選ばなければ］受けたら通るよ。だから逆にいうたら、大学のハードルが低くなってるからこそ、しんどい問題が出てきたね。―中略― 学校の、家庭で過ごしてる友達をみてるやん？ そこで、まあいうたら、自分は［経済的な事情で大学に］いかれへんと。そんな子が多いよね。[4]

子どもたちは、自分と同じような「学力」の同級生が大学等に進学していくなかで、大学等への進学を経済的な問題で諦めざるをえなかったり、そもそも最初から選択肢としてもつことが難しい環境にあった。こうした子どもを取り巻く経済状況が、子どもや職員に長期的なビジョンをもって学習に取り組むことを難しくさせる一因であった。

3　学習環境を阻害する子ども間の相互作用――他の子どもの落ち度を指摘する

学習時間での子ども間のやり取りに着目した結果、子ども同士で自らを学習から遠ざけるような相互作用が見て取れた。次の二つの事例は、宿題をしている最中、子どもが自らの課題を進めるよりも、他の子どもの「落ち度」を指摘することに夢中になる様子である。

【事例　学習室】

トオル（小学校1年生・B室）とユウ（小学校2年生・B室）の言い争い。

トオルに、ユウが「［トオルが宿題の］答え見てる！」と言い出す。実際に見ていたようだが、トオルは「（ユウは）自分も見てたくせに」と、以前ユウがかけ算の答えをみていたことを指摘する。しかしユウは気にせず、自分のことを棚上げして、「ちゃんとしないとあかん」と騒ぐ。ユウは自分の宿題をほとんどやっておらず、まるで集中していない様子だった。

【2011年2月下旬フィールドノーツ】

【事例　学習室】

（小学校3年生・B室のユウの）計算ドリルを［筆者が］手伝う。桁の大きな数字の勉強（十万や百万）。途中で、同じく宿題をしていたタカシ（小学校3年生・A室）がいきなりユウを指さし、言う。

「こいつ1年遅れてんで！」（タカシ）

「いいからいいから、自分のことやりな」（筆者）。

「だってこいつほんまバカやもん！」（身を乗り出すタカシ）。

「幼稚園も出てない！」（小学校2年生・B室のトオルが便乗して声をあげる）。

「……」（ユウ、反論せずじっと無言）。

しかし、廊下から職員の声が聞こえると、タカシの顔色が変わる。職員の大場さん（30代女性職員）が帰ってくると、タカシはイスに座り、子どもたちは黙った。

【2011年9月上旬　フィールドノーツ】

水原園の子どもは日常的に、自らの宿題などの課題を放置しながら、宿題があまり進んでいない他の子どもを怒鳴りつけたり、「こんなのもできへん（できない）の？　アホちゃう」とからかったりしていた。これは、学習意欲があまり高くない子どもほど顕著であり、学年が上の子どもが下の子どもに対して行うことが多かった。こうした行為によって、学習室が勉強に集中しにくい落ち着かない雰囲気になることや、子ども間のトラブルが引き起こされることが頻繁にみられた。このとき、こうした行為を行う子どもは、自分の宿題をやっていない場合が多く、職員に注意されているにもかかわらず、他の子どもが宿題をやらなかったりふざけたりすると、強い口調で怒鳴る。そして職員に、「人のことはいいから、自分のことしぃや［しなさい］！」とさらに注意を受けていた。このように水原園の子どもたちは、学習場面において、すぐにはできない宿題をまじめに進めるよりも他の子どもの「落ち度」を指摘することを優先していたのである。

こうした子どもたちの行為は、児童養護施設に限らず、小学生くらいの子どもが集う場ではどこでも多かれ少なかれ見かけるかもしれない。だが、水原園において、小学生だけがこのような行為を行っていたのではなかった。次の事例のように、あまり学習室には訪れない中高生も、学習室を訪れたとき、他の子どもに対して「こんなのもできへんの?」と指摘していた。

【事例　学習室】

今日はタダシ（中学3年生）が学習室におり、トオル（小学1年生・B室）に対して［宿題を］教えようとしていた。

「計算おそっ」（タダシ）

と、トオルに言っていたが、タダシはトオルの計算過程をみていたわけではない。「遅いですね～、頭が悪いんでしょうかね～?」と、やや小馬鹿にした言い方。［タダシは］教えようとはしていたのだが、結局、何もせずに去ってしまった。

【2011年1月中旬フィールドノーツ】

【事例　学習室】

今日はいつもは学習室では見かけない高校3年生ユキヒロがやってきて、好き勝手していた。ユキヒロは、たまたま学習室で勉強中のタクマ（中学2年生）に対して、いきなり頭を（平手でパーンと）叩く。―中略―　大場さん（30代女性職員）に「そういうことやめぇや!」と怒鳴られても、むしろ机を蹴りかなり反抗的［な態度を取る］。職員の言葉も無視。

また、タクマが四字熟語の「馬耳東風」について調べているのを見て、ユキヒロが、「おまえ、こんなのも知らんの?」と、馬鹿にする。ところが、そうは言ったものの、自分も「馬耳東風」の意味についてわからないようで、さりげなく四字熟語の辞典で調べようとするが、結局わからなかったよう。

「こんなのもわからんの」

とユキヒロはまた言うものの、答えを言うことなく、ただその台詞を繰り返して学習室を出て行った。タクマは、黙って勉強を続けていた。

【2011年11月上旬フィールドノーツ】

これらの事例からは、小学生の学習場面でみられた言動は、小学生という発達段階に特有のものというよりも、水原園の男子の間で、年齢にかかわらず見受けられるものであることが示唆されている。こうした子どもたちの様子からは、子ども集団内での相手を貶めることを基礎とするコミュニケーション様式が学習環境を阻害しており、かつ、そのような状況が一時的なものではなく継続していることがうかがえた。

4 学習場面における施設職員の支援と子どもの反発

一方、子どもと職員間のやり取りに目を向けてみると、学習室では、学習があまり進んでいない子どもと職員の間で対立がよく起こっていた。そうした場面での職員の対応に着目してみると、ルールを変則的に適用する場合と、状況の如何にかかわらずルールを厳格に適用する場合がみられ、そのような支援の仕方が子どもの反発を引き起こしていることがうかがえた。

ルールの変則的な適用の例として、子どもの「おやつ」の配布や食べ方のルールをあげることができる。水原園では、15時が子どもの「おやつの時間」となっているが、曜日によっては、小学生が宿題を行う学習時間と同じ時間帯になることもあり、このことが原因で学習がうまく進まないこともあった。「おやつ」は、いつもそうというわけではないが、子どもの集中力を削ぐ要因となるためである。この「おやつ」の配布のルールを、個々の職員がその場その場で変えることがよくみられた。たとえば、15時になったら配るのではなく、時間ではなく宿題が終わった子どもに配るなどである。職員の松本さん（20代女性職員）は、宿題をある程度自主的に早めに終わらせられる子どもには「宿題を時間までに終わらせるように」とおやつを渡し、宿題にあまり熱心ではなく時間がかかる子どもには「宿題を半分終わらせてから」おやつを渡していた。

また、学習時間の「おやつ」の食べ方のルールをめぐって、職員間で意見の違いが生じてもいた。次の事例は、「おやつを食べているときは宿題をしない」とするのか、「宿題しながらおやつを食べてもよいのか」、担当の職員同士で異なっていた場面である。

【事例　学習室】

カズオ（小学校3年生・A室）が学習室でおやつを食べながら宿題をしていた場面。職員の大石さんは（20代男性職員）は、おやつを食べながらでも宿題をすればいいと考えたようで、カズオに注意していなかった。

一方、松本さん（20代女性職員）がカズオに、「なにおやつ食べながら〔宿題〕してんの！」と注意する。

「いや、ぼくがおやつ食べながらでも〔宿題〕できんなら〔いいよ〕って」（大石さん）

「でも、水野さん（30代女性職員）はそんなことをしたらあかんって言うよ？」（松本さん）と、やや対立。するとカズオが「口答えすんなや」と松本さんに言い、「口答えってなに？」（松本さん）、「カズオ、ええ加減にせえよ？」（大石さん）と注意される。その後もカズオは、松本さんに「自分が先輩だと思ってる場合ちゃうぞ」と挑発し、大石さんに「ええ加減にせえよ」と叱られていた。

【2011年10月中旬フィールドノーツ】

松本さんは、「おやつを食べること」と「宿題をすること」は分けてすべきだと考えている。一方で、大石さんは、おやつを食べながら宿題をしていても問題はないと考えており、職員間でルールが統一されていないことがわかる。

このように職員がルールを状況に応じて変えていた。その一方で、ルールを厳格に適用し、子どもにルールを守るよう強く求める対応も多かった。職員は、学習意欲が高くない子どもの宿題を手伝う際、決められた時間までに宿題を終わらせることを重視していた。そのため、以下の事例でみられるように、職員は個々の子どもの状況に合った対応というより、子どもに対して一律に宿題を早く行うよう急かす対応を行っていた。

【事例　学習室】

シュウ（小学3年生・B室）、今日はやる気がなく、注意されても机に足を乗せたりする。―中略―「シュウちゃん、ええ加減にせえよ」（大石さん、20代男性職員）と大石さんは語気を強めていうが、シュウは「[宿題が]できない！」と繰り返す。大石さん「できないわけないやろ」とシュウに早く宿題をするよう促すが、結局、シュウが積極的にやろうとすることはなかった。

【2011年10月中旬フィールドノーツ】

この事例では、業務に追われ、他の子どもの様子も見ている職員が、子どもの反発的な態度には注意を払っていても、子どもの宿題に対して援助することはできていないことがわかる。このとき職員は、子どもに「早く宿題を終わらせる」ように促すという対応に終始していた。

これまで述べた職員の対応は、子どもたちの反発を招くこともあり、さらに宿題が進まなくなる事態も引き起こしていた。以下の二つの事例は、学習がうまく進まず学習室での態度もよくないタカシに対して、職員が宿題を済ませるというルールを厳格に適用しつつ、「おやつ」のルールを子どもの様子を見て変えた結果、両者が対立してしまったケースである。

【事例　学習室】

夏休みの末。タカシ（小学校3年生・A室）が夏休みの宿題を終えていなかったようで、1人学習室に呼び出される。内容は算数の割り算。基本的に林さん（20代女性職員）が対応。これまでわがままを言って［宿題を進めることを］引き延ばしてきたらしく、「今日はもう甘やかさない、厳しくする」と林さんは言う。

タカシは余りのない割り算はやっていたが、余りのある割り算をすべてやっていなかった。タカシはしんどそうで、52問中5問でギブアップ気味。うつむいて、やる気はまったくみられなかった。いすに座っては立ち、近くのマンガを読んだりする。

「だから遊び（遊ぶ）なって言ってるやろ！」と、林さんは何度も言う。林さんが教えようとしても、タカシはほとんど動かず、徐々に雰囲気が険悪に。

【2011年8月下旬フィールドノーツ】

上記の事例は夏休みの出来事だが、子どもが宿題になかなか取り組まず、終わるまでにかなりの時間がかかることは、長期休みの間でなくても珍しくはない。その後、タカシはなんとか宿題を進めていたが、15時のおやつの時間になったとき、林さんがタカシに宿題を終わらせるよう急かすため、「おやつ」のルールを変えて再びタカシに働きかけた。

【事例　学習室】

「その1ページ終わらせないとおやつ出さないから」（林さん）
「なんで？　1列でいいやん！」（タカシ）
「いいわけないやろ！」（林さん）
「いいわけあるし！」（タカシ）

と、怒鳴りあいになってしまい、もうタカシがやる気配は起こらず。他の子どもの様子を見たり、マンガを読んだり。

【同日、フィールドノーツ】

職員は、宿題を「決められた時間までに終わらせる」ルールを状況にかかわらず厳格に適用しつつ、目的のために主に「おやつ」のルールを状況に応じて変えていく。このような対応を職員が行う一つの要因には、大人数の子どもに対応しなければならない職員の多忙さがある。上記の事例でタカシに対応していた職員の林さんは、それとほぼ同じ時間に別のトラブルにも対応していた。それが以下の事例である。

【事例　学習室】

林さんがトモキ（小学校5年生・C室）に紙粘土（夏休みの宿題）をあげるのを［夏休みの終盤になるまで］忘れていたらしく、それが原因で学習室は荒れた雰囲気に。

「（夏休みが終わるまでに）できるわけないやん」（トモキ）

「なんでそんなこと言うん、謝って手伝うっていってるんやん」（林さん）

「忘れてたの、林ちゃんやん！」（トモキ）

「そうだよ？　だから謝ってるやろ！」（林さん）

林さんは、がんばればすぐできると説得していたが、思わぬ宿題の残りにトモキは不満そうだった。

【同日、フィールドノーツ】

なかなか学習が進まない子ども相手であっても、常に付き添えるのであれば、職員は子どもと対立しないような形でも対応できるだろう。しかし実際には、職員は多くの子どもに対応しなければならず、子ども一人ひとりの学習に集中して働きかけることは難しい状況がある。そのような状況で職員は、宿題をしている子どもに対して、ルールをときに変則的に、ときに厳格に適用していたのである。

児童養護施設の子どもの学習に関する先行研究では、施設の学習環境が子どもにとって落ち着けない環境になりがちであることが指摘されてきたが、施設の学習場面において、子ども間や子どもと職員間でいかなる相互作用が生じているのかはあまり明らかにされてこなかった。

児童養護施設内部での子ども間および子どもと職員間での相互作用に着目した本節で明らかとなったのは、学習場面において、子どもたちが互いに「落ち度」を指摘し合い学習環境を阻害していたこと、そして、そうした子どもたちに対して、職員がときにルールを変則的に適用し、ときにルールを厳格に適用して対応していたことであった。このような職員の働きかけは、子どもと職員同士の対立を招くこともあった。

こうした事態は、職員が子どもと一対一でかかわることが難しい大舎制の施設であるがゆえに、より顕著にみられるのかもしれない。しかし、集団生活が前提となっているというそもそもの児童養護施設という場の特殊性を踏まえれば、より小さな規模の施設であってもそうした問題が起こらないとは言い切れない。水原園では、職員は子どもの学習、とくに課題を抱えた子どもの学習にかかわる支援が十分には行えていなかった。このような状況が繰り返されている限り、学習意欲が「ある」子どもと「ない」子どもで大きな格差が生まれてしまうおそれがあるといえる。さらに、子ども同士のトラブルが頻繁に発生し落ち着かない環境では、学習意欲が高い子どもにとって居心地が悪く、落ち着いて学習ができない可能性もあるだろう。前述したように、水原園は中学生から塾に通うことを子どもへ積極的に勧めているが、小学生のときに学習意欲が削がれてしまえば、その後の学習に積極的ではなくなり、塾に通う意欲も薄れてしまうかもしれない。その結果、高校受験が苦になってしまったり、大学受験の準備が十分にできなかったりすることもある。このように水原園では、学習がうまく進んでいない子どもへの対応が十分にできていないばかりか、学習意欲がある子どももまた落ち着いて学習しにくい環境となっている。

5　仲間文化から見た学習場面における子どもの相互作用

これまで、学習がうまく進まない子どもが、自らの課題を達成するよりも他の子どもの「落ち度」を指摘することに執心し学習を阻害している様子を示してきた。

このような子ども間での相互作用の背景には、第4章で示した子ども集団の「他者に対する優越を志向する仲間文化」があることがうかがえる。こうした子どもの仲間文化を考慮すれば、学習場面での子どもが他の子どもの「落ち度を指摘する」という行為は、自分が課題を達成するよりも相手が課題を達成していないことを指摘することで、その場だけの優位を得ようとする試みととらえることができる。

このような相手を貶めることで自身の優位を確保しようとする子ども間の相互作用において、学習場面で「わからないこと」が露呈したり、相手が自分よりも課題をこなす姿を目の当たりにしたりすると、子どもは一層落ち着きがなくなる。

事例は、どちらも２０１１年当時、B室の小学3年生で、学校で特別支援学級に在籍しているシュウと、その隣の席にいるニューカマーの子どもであるユウとのやり取りである。シュウはこの日、小学校1年生レベルの宿題をスラスラこなしていたが、ユウは割り算の問題に対して「わからない」と繰り返し、よくふざけていた。

【事例　学習室】

「（筆者に）お兄ちゃん教えて」（ユウ）
「ごめんな、いまシュウちゃんみてるから」（筆者）
「こっちに来たらええやん（シュウとユウの間を指さす）」（シュウ）
と、シュウが二人みればいいと言ってくる。それなら、と二人の間に座る。シュウはすらすらやっていたので、ユウをみることに。
しかし、ユウはふざけたり、答えを聞きたがったりするばかりだった。
「お兄ちゃん（答えを）教えて、教えて！　シュウには教えてる」（ユウ）
「教えてないよ、答えが間違ってるときに、ここ間違ってるよって言って［るだけ］」（筆者）
「それが教えてるっていうねん、早く教えて、わからんもん！」（ユウ）と不機嫌に。
【２０１１年12月中旬フィールドノーツ】

ユウは、筆者が落ち着かせようと何か言おうとすると、「うるさい！」と騒ぐ。このユウの様子に、職員や他の子どもが、「うるさいのはユウやろ」（林さん、20代女性職員）、「おいユウ、教えてもらってるのになにその態度？　わからんかったら、もう1回言ってくださいやろ！　お兄ちゃん（筆者）、もうええねんこいつ」（小学校3年生・A室のカズオ）と一斉に注意した。すると、ユウのやる気はなくなったようだった。しかし、以下の事例にみられるように、このときのユウの苛立ちは、シュウに向けられていた。

【事例　学習室】

「ユウ、やる気なくなっちゃった？　やれん？」（筆者）
「……むかつく。シュウがむかつくからやらん」（ユウ）
「そうか。じゃあまずシュウちゃん終わらせんとな」（筆者）
「あんな簡単な問題、早く終わるに決まっとるやん」（ユウ）
ユウはまたほかの子どもから注意を受けつつ、一応、宿題を進めていた。

【同日、フィールドノーツ】

この場での状況だけをみると、ユウに直接対応していたのは筆者であり、ユウに注意の声をあげたのは職員やカズオである。シュウは、ユウにはあまり関心を示さず宿題を進めており、むしろ筆者に宿題を教えてほしいというユウの要望を叶えようとしてもいる。

ここでユウの苛立ちがシュウに向けられたのは、すらすらと問題を解いていくシュウに対して、ユウは問題がわからないという状況に苛立っていたからではないかと考えられる。特別支援学級に通うシュウの宿題は、小学校1年生の問題であり、ユウ自身がいっていたように、小学校3年生の問題と比較すれば「簡単な問題」ではある。しかし、自身の宿題の問題がうまく解けないユウは、「わかっている・理解している」という感覚をシュウがもっているように見え、自らの優位が確保できないために、シュウに対して過剰に反応していたのではないだろうか。

このように学習場面は、子どもにとって自己の優位性を示したり、逆にそれが揺らいだりする場面であった。宿題ができずに優位に立てないという状況ならば、「宿題がすらすらできるようになる」ことを目指すのも一つの方向と言えるが、第4章で見たように、子どもたちは日常的に「手っ取り早く」他者に対して優越する手段を選択している。ここからは、子どもが子ども集団の仲間文化に適応することによって、結果的に自らや他の子どもを学習から遠ざける事態が発生する可能性を高めていることが示唆されている。

第4節　学習環境を維持する職員の合理的な働きかけ

1　子どもに根づいた学習の規範

前節の4では、子どもの人数に対する職員の少なさや膨大な業務量といった構造的な制約のもとに置かれた職員が、その場の状況に応じて「おやつ」のルールを変える対応を取ることもあれば、状況の如何にかかわらずルールを厳格に適用し「宿題を早く終わらせるよう急かす」といった対応を取ることもある様子を示した。それらの対応は、一見すると、子どもたちの反発を招くこともある合理的ではない実践に見えた。しかし、職員の学習支援を一場面だけではなく、全体の流れを考慮して検討すると、それらの実践に合理的な側面を見出すことができる。

ここでは、状況にかかわらず「宿題を早く終わらせるよう急かす」というルールを厳格に適用する職員の対応について考えてみよう。次で述べる施設の状況を踏まえれば、職員のこうした対応は、むしろ子どもの学習環境を支えており、必ずしも、きめ細かな支援ができていないことの表れと一概に言い切ることはできない側面がある。

本研究の調査期間中、子どもが、宿題が進まず投げ出してしまったり、職員と対立したりすることはあっても、子どもの間で「学校からの帰宅後に宿題をする」というルール自体がゆらぐことはなかった。学習場面は落ち着かない雰囲気になることが多かったが、子どもたちは、施設に措置されるに至った不安定な家庭背景や施設内で学習を妨げるさまざまな要素があるにもかかわらず、「宿題をする」というルールを放棄することはなかったのである。また、水原園は、子どもにとって学校のような公的領域というよりも、「家」とほぼ同義の私的領域であり、「家」でまで勉強をルールとして行うことに子どもが不満を漏らすことも多い。その意味で、学習時間は子どもにとって不満を高める時間となっているにもかかわらず、子どもの多くはそうしたルールを受け入れているのである。そして、このことを踏まえると、子どもが子どもを「怒鳴りつける」行為にも一定の方向性があることがわかった。以下の事例からは、子ども集団に「宿題をする」というルールが浸透している様子がうかがえる。

【事例　学習室】

職員の水谷さんがタカシ（小学校2年生・A室）の算数の宿題をみていたが、タカシは途中で投げ出し気味になってしまう。イスにもたれて、視線は虚ろでやる気がまったくない。

〔宿題の内容は普段なら時間は少しかかっても解けている問題であったが〕「わからん」「わからんーっ」というタカシ。

「なんでやらないの」（水谷さん、20代女性職員）。やや困惑した様子で、上からタカシをのぞき込むように見て。

すると、他の子どもたちがタカシを非難しはじめる。

「やれや！」「タカシ、やれや！」。
結局、タカシの宿題はいまいち進んでいないようだった。

【2010年7月上旬フィールドノーツ】

この事例は、「なんでやらないの」という職員の声かけによって学習の場が乱れたようにも見えるが、子どもたちのタカシへの「非難」は、「宿題をする」というルールに沿ったものとみなすこともできる。もちろん、「やれや！」という子どもたちの言葉は、声をかけられた子どもの学習意欲を削ぐ可能性もある。しかし少なくとも、子どもたちがそのようなルールを「守ったほうがよいもの」と考えていなければ、「非難」の言葉は職員に向けられるか、宿題を促すものとは別の言葉になっていたと考えられる。また、タカシも「いまいち進んでいな」かったものの、宿題自体を投げ出すことはなかった。

2　施設職員の合理的な学習支援

子ども一人ひとりの学習状況に応じた丁寧なケアができるならば、職員は子どもを急かすことなく、子どもそれぞれのペースに合わせて支援を行うだろう。しかし、そのような時間をかけた対応が難しいことを考えると、職員の手が回らないなかでそれぞれの子どものペースに任せれば、「宿題が終わらない」ことも多くなると考えられる。そのような事態に陥ってしまえば、施設内にある「宿題をする」というルールが揺らいでしまい、子どもたちが勉強する動機がなくなってしまうかもしれない。このように考えると、水原園の職員による、子どもに状況の如何にかかわらず「宿題を早く行うよう急かす」というルールを厳格に適用する対応は、施設内の「宿題をする」というルールを維持し、子どもを学習活動に引き留める意味があることがわかる。

さらに、こうした職員の対応には、宿題が終わっていないために子どもが学校に登校しにくくなる事態を防ぐ意味があるとも考えられるだろう。子どもが宿題を終わらせず、それが継続して起こることになれば、当然学校の教師から子どもや職員が何らかの説明を求められることになる。そのような事態になった場合、子どもが学校への登校を負担に感じてしまいかねない[5]。このような宿題ができていない子どもを残さないという実践が、登校に対する子どものストレスを軽減させている側面があることは、水原園では、家庭で生活習慣が乱れていた子どもも多いなかで、不登校の子どもがいなかったことからも読み取ることができる。

このように、状況の如何にかかわらずルールを厳格に適用する職員の対応の背景に目を向けてみると、学習場面でみられた、「おやつ」の配付のルールが変化するという一見場当たり的で、ルールを変則的に適用する対応の意図も明確になる。職員は、学習がうまく進まない子ども相手に宿題を進めさせようと「おやつ」のルールをその場その場で変えており、それが子どもの反発を招き、結果的に作業がより遅れることも多かった。しかし、宿題を積極的に進めようとしない子どもに、他の子どもと同じように対応しては、周囲の子どもの反発が生じたり、宿題をするというルールがゆらいだりするおそれがある。職員の一見場当たり的にルールを変える対応は、目の前の子どもの状況だけではなく子ども集団の状況にも配慮したものであり、学習場面での「おやつ」のルールの変化は、子ども個人の反発を招いてしまっても、全体の学習環境が揺らがないことに寄与していることが読み取れる。

職員が子どもの学習への意識を保ち続けていることは、宿題の最中、「なるべく答えを見てはいけない」というルールを子どもに課していたことからもうかがえる。子どもに早く宿題を終わらせてほしいだけならば、答えを見るかどうかは子ども自身に判断させ、子どもができないと思えば答えを見るという形にした方がよいだろう。そうはせず、「宿題を早く終わらせるよう急かし」ながらも「答えは見てはいけない」と、子どもに問題を考えることを放棄させないようにしているのである[6]。

次の事例にみられるように、子ども集団においても「答えを見る」ことは「非難」される対象となっていた。

【事例　学習室】

ユウ（小学校2年生・B室）に算数を教えていたのだが、「九九の問題がわからない、忘れた」と言い出す。

すると、ユウキ（小学校2年生・C室）が、「九九忘れるか？　答えみたいから言ってん」と怒り出す。ユウは「忘れた」と繰り返すが、ユウキも引き下がらず。険悪な雰囲気に。

【2011年1月中旬フィールドノーツ】

どうしても子どもの宿題が終わらない場合には、職員やボランティアが子どもに答えを教える場合もある。しかし、子どもにとって自発的に答えを知りたい場合ではなく「できない」状態で答えを教えてもらうことは、子どもにとって不本意なことであったことが以下の事例から読み取れる。

【事例　学習室】

タカシ（小学校3年生・A室）、今日はすごく機嫌が悪い。（宿題が）「わからんもん～」「これ（計算ドリル）やりたくない～」と　―中略―　かなり苦しげな表情。爆発する感情を抑えている［様子］。「じゃあやろうか」（筆者）と、近づくが、もう考えるのが嫌という感じ［だった］。［まったく進む気配がないので筆者が］答えを教えると、［タカシは］「こう書けばいいんやろ」［と投げやりにいう］。

【2011年9月中旬フィールドノーツ】

タカシの「こう書けばいいんやろ」という言葉からは、宿題をやりたくないながらも、答えを見て書くことに対する複雑な心境が吐露されていることがうかがえる。ここからは、子どもが学習のルールに一定程度従っていることと同時に、子ども集団の仲間文化の影響もうかがうことができる。他者に対する優越を志向する仲間文化において、「答えを見なければわからない」状況は、答えを見ていない他の子どもよりも劣位に位置づけられることを意味している。このように考えると、職員の「宿題を急かす」対応は、ともすれば学習時間であっても学習以外の手段で優位に立とうとする子どもの仲間文化に基づく競争心の行き先を、「宿題をすること」に少しでも方向づけようとしているとみなすこともできる。

3 「どうにか」維持される学習環境

以上、水原園の職員の、ルールの厳格な適用と変則的な適用が混在した実践は、子どもが宿題を終わらせられないという事態を防ぐとともに、たとえ子どもが宿題を終わらせられなかったとしても施設内で形成された「宿題をする」というルールを保つ働きがあることが見出された。職員による一見合理性を欠いた学習場面の対応は、構造的な制約のもとに置かれた職員が、施設の学習環境が悪化しないよう少ない資源を用いてなんとか現状を維持しようとする、合理的な方略としての側面をもち合わせているのである。

ただし、こうした職員の実践によって、水原園全体の学習環境はある程度維持できていても、すでに指摘した学習支援の課題自体は必ずしも解決していないことがうかがえた。たとえば、学習がうまく進まない子どもへの支援は難しい状況であったし、学習意欲が高い子どもに依然として十分な学習機会が与えられていない可能性もある。これまで示してきた学習場面での職員たちの働きかけは、種々の構造的制約のもとでできうる限りの学習環境を維持する手段なのである。谷口由希子は、不登校への対応を例として、現在の施設は集団生活という制約のなかで「いかに登校させるか」を迫られているといい、子どもを学校へ登校させようとする試みはその場での効力を発揮することはあっても、個々の子どもへの発達課題を考慮した長期的な対応ではないと指摘している（谷口 2011：186–188）。

本書の事例でたびたび登場したユウ（B室。調査期間中、小学校2年生・3年生）の例から考えてみたい。ユウは、子どもたちのなかでもルールをあまり守らない傾向があり、学習場面でよくふざけて、職員のみならず他の子どもたちからも「うるさい！」と注意されることが非常に多かった。

しかし、ユウも決して宿題をまったくしないわけではない。長期の参与観察を通して、ユウは学習時間に、「ふざける」「宿題に取り組む」「ふざける」「宿題に取り組む」を繰り返しながら、徐々に学習を進めるタイプであったことがわかってきた。ユウのこうした行動パターンにおいては、彼の「ふざけ」は、宿題に取り組むための一種の「助走」としてとらえることもできる。ユウ個人の学習を考えるならば、その「ふざけ」に付き合いながら、ユウの学習意欲を形成することが求められるかもしれない。しかし、水原園の状況では、個々の子どもに合わせた対応を行うことは難しい。また、ユウ個人の「ふざけ」を許容することで、周囲の子どもが落ち着けなくなる可能性も考慮しなくてはならないのである。

私的な領域において「ふざけ」が許容されないこと自体が問題という見方もできるが、施設が集団生活を基本としていることに鑑みれば、子ども全体への配慮は不可欠である。このように考えると、ユウの学習意欲を促すためには、子ども一人ひとりに常に付き添える職員と時間・空間が必要であるが、現状ではそれを満たすことは困難である。水原園の子どものこうした学習環境は、種々の構造的制約のもとでの、ある種の「妥協」のもとに成り立っているのである。

水原園において、職員は必ずしも十分とはいえない体制でありながらも、子どもへさまざまな支援を行っている。さらに、学習室、机や本など、物的な意味での教育のための資源もある程度は整っている。水原園の学習環境は、見方によっては、貧困状態に置かれていたり、子どもの学習に不熱心だったりする家庭と比較すれば、十分に整っているといえるだろう。だがそれでも、子どもたちは施設に措置される前の家庭背景によって課題を抱えており、集団生活のなかにある子どもへの職員による学習支援にはさまざまな困難が伴い、その学習環境は不安定なものとならざるをえないのである。その意味で、構造的制約のもとであっても施設の子どもたちの学習環境を維持しようとする職員の働きかけは、学習環境の現状をよりよい形に改善するものとはいえない。しかし、一つ間違えばすぐさま悪化してしまいかねない日々の生活において、現状の維持に努めざるをえない状況に置かれているのである。このように水原園の学習環境は、常にゆらいでおり、「どうにか」その安定が維持されているものである。

職員による学習支援に目を向ければ、施設では、さまざまな制約のなかで安定した学習環境を形成することが困難な「行き詰まり」状態のなか、職員は子どもの学習を支援していかなければならない状況に置かれているといえる。水原園の職員は、子どもに通塾を勧めたり大学等への進学のための奨学金や助成金の情報を提供したりするなど、積極的に支援していたが、そうした支援が意味をもっためには子どもの学習意欲が十分に形成されている必要がある。しかし、職員たちは、子どもの学習意欲を十分に育めない状況を構造的に強いられているのである。

こうした構造的な制約のもとでの学習支援が効果的に行われるためには、散発的な働きかけではなく、いかに子どもに継続的に働きかけられるかが重要となる。宿題の支援を例に挙げると、宿題を「急かす」行為を行った後に、その場で子どもの学習状況をよく見ていられるかどうかがその効果を大きく左右するといえる。ただ宿題を早く終わらせられるよう「急かす」だけで、職員がその場からいなくなってしまえば、それは十分な効果を発揮しないだろう。

日々の多忙のなかで他の子どもの様子を見つつ、対応が必要な子どもから目を離さずにいられる状況を見つけて継続的に働きかける「余裕」をもった実践には、職員の経験的力量がより求められる。これは第4章でみた子どもの暴力への対応でも同様といえる。

こうして、水原園の学習環境は揺らぎながらも、子どもが学習する理由を失わない程度には維持されている。次章では、職員の支援に焦点を絞って考察を行う。

〈注〉

（1）児童養護施設の教育問題は、学校教育と強く結びついて語られてきたが、近年では、施設の子どもの教育実態を就学前教育に焦点を当てて検討した研究もみられる（坪井 2017, 2020）。

（2）ここでいう「高校等」とは、高等学校、中等教育学校後期課程、特別支援学校高等部等を、「大学等」とは、大学、短期大学等を指している。

（3）2019年度末、高校等を卒業した者の専修学校等（学校教育法に基づく専修学校及び各種学校、並びに職業能力開発促進法に基づく公共職業訓練施設）への進学率は、全高卒者が21・5%、児童養護施設出身者が15・3%となっている（厚生労働省子ども家庭局家庭福祉課 2021：122）。

（4）ただし、第5章第1節2でも指摘したように、2020年4月から「高等教育の修学支援新制度」がスタートした。本調査は2010年4月から2012年3月の期間に実施したものであり、調査当時、児童養護施設の子どもへの奨学金制度は限られた人数を対象とした狭き門だった。今後、幅広い援助がなされることで、施設の子どもの大学等への進学にともなう経済的負担は軽減されると思われる。

（5）水原園と学校との連携が機能していれば、このような問題は回避できるかもしれない。しかし、水原園の子どもが通う小学校の教師が、連絡帳を通して学校での子どもの様子を職員に伝えることはみられたが、それは「忘れ物があった」といった簡単な報告がほとんどであった。ただし、特別支援学級の子どもたちの学校での様子は詳しく伝えられていた。

（6）「答えを見てはいけない」というルールが習慣になっているあまり、答えを見てよい練習問題でも、子どもに「答えを見てはいけない」と反射的に言ってしまう職員もみられた。

第6章 児童養護施設職員の「即興の支援」

——ジェンダー・ステレオタイプの使用を中心に

第1節 児童養護施設における支援とその困難

1 施設職員の実践の特徴

児童養護施設職員は、施設の構造的制約によって、子ども一人ひとりへの対応を制限されがちである。その構造的制約として、子どもの人数に対して職員の人数が非常に少ないという職員と子どもの人数比の問題をたびたび指摘した。その一方で、施設内の文脈的特徴にも職員の困難を見出すことができる。

第2章でも述べたように、児童養護施設職員の職務には、「保護者でない人間が、本来なら非日常的な空間である施設で日常生活を保障する、あるいは失われた過去を含め再体験するという意味」で高度な専門性が求められている（山縣 2007：101）。

「本来なら非日常的な空間」で日常生活を保障するということは、児童養護施設職員の職務が、職員と子どもの人数比の問題といった構造的な制約による困難とは異なる、別の困難に置かれていることを意味している。このような「日常生活の保障」を期待される施設において、その営みを何らかの客観的な物差しで評価することは難しい。そもそも児童福祉に限らず、「福祉労働は人間の営みである生活そのものに対する働きかけであるため、ある特定の部位や生活場面だけを切り取って専門性を発揮するということに馴染みにくい」（宮島 2004：215）と指摘されている。このため、職員の子どもに対するかかわり方は、「適切なかかわり方」があらかじめ想定できるものばかりではない。ある子どもに対して、職員がどのようにかかわることが適切であるかは、子どもの発達の知識やそれまでの実務経験によって判断できる側面もあれば、子どもおよび他の職員との関係性に応じて文脈依存的に判断される側面もあるだろう。

こうして文脈依存的に形成される子どもへのかかわり方には、状況に応じて柔軟に対応せざるをえない部分があると考えられる。たとえば、子どもが精神的に不安定となり、他人に対して過剰に攻撃的な言動を繰り返してしまうとき、職員の対処法として、あえて何もせずに見守るという「タイムアウト」という手法が取られることもある。しかし、職員は当然、状況が同じなら常に同じ行動を取るわけではない。職員は目の前の状況から、子どもをあえて見守るのかどうか瞬時に判断することが求められる。職員と子どもの人数比による多忙は、職員が一人ひとりの子どもとかかわる時間を制限するという点で、こうしたその場での文脈依存的な対応を、素早く的確に行う必要性を高めていると考えられる。

従来の児童養護施設職員の職務に関する研究では、このような職員の対応の文脈依存的な側面にはあまり着目してこなかった。しかし、上記の内容をふまえるならば、職員の職務の特徴の一つに、構造的な制約のもとでの「日常生活の保障」という職員の職務を達成するために、子どもに対して、いかに杓子定規ではない文脈依存的な対応ができるか否かが重要となる点があるのではないか。本章の関心は、こうした職員の職務遂行の様子を描くことにある。以下では、まず、水原園の職員が子どもと生活する際の困難をみていきたい。

2 子どもが抱える「怒り」――「なんでそんなことで怒るの」

水原園で暮らす子どものほとんどは、なんらかの形で被虐待経験がある。さらに、「家族依存」と呼ばれる日本社会で施設に措置されるということは、そうせざるをえないほど家庭生活が不安定であったことを意味している。

そうした子どもたちの多くは、コミュニケーション上の課題を抱え、職員はその様子を「怒りのエネルギーをまとっている」ようだと表現していた。実際、子ども同士が会話する際、ちょっとした「否定」やトラブルで、子どもがひどく「怒っている」ように見える場面が多かった。以下の事例は、子ども同士がケンカしているわけではないのだが、互いの激しい口調でやり取りをする場面である。

【事例　学習室】

一通りの子どもの宿題を見た後、どんどん子どもが学習室やフロアからいなくなる。「1階の広間で」紙芝居があるらしかった。そんななかで、ミキオ（小学3年生・A室）だけが、宿題が終わっていないこともあって、筆者と一緒に学習室に残っていた。ミキオはそもそも紙芝居に行く気もあまりないようで、宿題を嫌がっている様子はない。すると、学習室の窓から他の子ども（ヒロヤ。小学3年生・C室）が顔を出す。

「ミキオ、大石（20代男性職員）が来いって」（ヒロヤ）
「なんで？　いま宿題やってるから」（ミキオ。やや声を荒げる）
「来いっていってんねん！」（ヒロヤ。激しい口調）
「宿題やってからって！」（ミキオ。激しい口調）
「言ったからな！」（ヒロヤ）

【2010年6月下旬フィールドノーツ】

また、次の事例は、小学校6年生・A室のコウジが、他の子どもの言葉に苛立ち、その怒りを職員や周囲のものにぶつける場面である。

【事例　学習室】

今日は学習室に入るなり、コウジが大騒ぎしていた。どうやら、他の子どもに何かを言われたらしく、過剰に反応しているらしい。涙目で周囲に当たり散らしており、何か言っていたが、よく聞き取れず。

「やめぇや！」（林さん、20代女性職員）というが、［コウジは］無視。

また、他の子どもがヤジを飛ばし、［コウジは］なおさらエスカレートしてしまう。最終的に、机を押して壁に［力一杯叩き］つけようとする。林さんが机を止めようと押さえるが、コウジは思いきり力を入れており、林さんはずるずると後ろに後退し、机に挟まれる形に［なった］。

「こんなことして何の意味があるん？」（林さん）

コウジ、無言で机を押す。

「机こわれるで、弁償やで」（他の子どものヤジ）

「いいもん」（コウジ）

「ちょ、うるさい」（林さん）と、他の子どものヤジをしかる。

【２０１１年４月下旬フィールドノーツ】

この事例では、本当に机を壊しかねない勢いであったので、筆者と職員の林さんが数分かけてコウジを止めることとなった。

コウジは机から離れたが、その「怒り」はおさまらず、「もう宿題一生やらへん」「なんで遊んじゃだめなん」などと泣く。林さんに「ええよ、遊んできな」と告げられ、コウジは落ち着いたようには見えなかったものの、ランドセルに教科書などを詰め込んで、居室に戻るのかと思われた。しかし、そうではなく、直後にランドセルを廊下の窓から放り投げようとしたようだった。このとき、筆者は学習室におり、その現場の瞬間にはいなかったが、廊下から「やめぇや!」（林さん）と大きな制止の声がし、廊下に目を向けたことでコウジが職員に止められている様子がわかった。ここでのコウジの怒りは、当初こそ他の子どものヤジに対するものであったが、怒りを表現するうちに、さまざまなものに対して怒りを表現するようになっていった。

「そんなことで怒ってどうすんの」「なんでそんなことで怒るの」という言葉を、職員はよく発していた。この子どもの「怒りのエネルギー」は、水原園では、子どもを支援する難しさとして否定的にとらえられているばかりではなく、内面に傷を抱えた子どもがなんとかやっていこうとする姿だととらえられてもいた。しかし、こうした子どもは、ときに職員の言葉がまったく届かない不安定な状態になってしまうことも少なくない。

学習場面は、子どもにとってストレスが溜まる場面でもあるため、傍目から見れば突然子どもがこれまで解いていた、あるいは解けていた問題にもかかわらず、「わからん」と何度も連呼し、職員や筆者の言葉の一切を聞かなくなることもあった。そのときの子どもは、考えることの不快感に耐えられないような状態になっているように見えた。

こうした様子からは、児童養護施設の職員には、複雑な家庭背景を抱えた子どもに対して一度対応を誤れば支援が非常に困難になってしまいかねないという、薄氷の上を歩くような実践が求められていることがうかがえる。

3 錯綜する情報

職員が子どもを支援する際には、それらの子どもの情報が必要不可欠である。職員は、直接子ども本人とかかわって情報を得るだけではなく、他の情報源からも子どもの情報を得る必要がある。水原園では、職員同士で子どもの情報を共有することに加えて、ボランティアが子どもの様子で気になったことを日誌に書くことになっているなど、さまざまな情報源から子どもの情報を得る試みが行われていた。

水原園に在籍する子どもの人数が80人前後であることを踏まえると、大人側が見た情報のみならず、子ども側がもつ情報も重要となる。しかし、その情報が確かなものであるかどうかは、子どもの年齢によっても左右される。小学生を主に担当している職員は、子どもからうまく情報が得られないことに苦慮していた。その理由の一つは、子どもが状況を「勝手に」解釈してしまうことである。これは、小学校低学年の子どもによく見られた。

【事例　学習室】

ハル（小学校1年生）、宿題を始めようとするもランドセル［のなかを］をごそごそした後、「……ない、今日音読だけや！」と嬉しそうにいう。

「まっちゃん、音読聞いて」と職員（松本さん、20代女性職員）の方へ。

このときは宿題が一つなのかな、と思っていたのだが、この後、

「算数のノートない」（ハル）

「ノートないから［宿題を］やらんのおかしいやろ。他のノートでできるでしょ」（松本さん）

「おかし［く］ないもん」（ハル）

という松本さんとの会話が［聞こえた］。どうやら宿題がないのではなく、宿題を書くノートがないからやらなくていいと勝手に解釈したらしい。ハルは松本さんに口答えした後、［宿題を］やっている様子はなかった。

【2011年9月下旬フィールドノーツ】

ハルは、算数のノートを学校に忘れており、ランドセルのなかにノートがなかった。その状況に対してハルは、「算数のノートがないのだから、算数の宿題をしなくていい」と解釈していたのである。そのため、子どもと職員の間で齟齬が生じていた。

また、以下の事例は、筆者がハルの宿題の手伝いを、普段の学習室ではなくC室で見た後の出来事

である。ハルの姿が学習室になかったため、職員はハルに宿題をしたのかとたずねる。そのとき、ハルは筆者に見てもらったことを職員に説明できず、筆者が代わりに説明する場面である。

【事例　学習室】

［ハル、松本さんに宿題を」「C室でやった」［というと」、「なんで勝手にやるん？　宿題は学習室でやるって言ってるやん」と怒られてしまっていた。

筆者：すみません松本さん。さっきハルくんが宿題C室でやったって話なんですが。
松本さん：はいはい。
筆者：あれ、ぼくがみてたんですよ。
松本さん：あ、そうだったんですか！
筆者：すみません、そこらへんのルールわからなくて。
松本さん：いえいえいえ、基本的に部屋でやる場合は職員がみてもらうことになってるのでみてもらってるなら問題ないです。
筆者：あー、でも、今度ちゃんと許可もらってるか確認しますので。

【2011年9月上旬フィールドノーツ】

続いての事例は、居室で子ども同士のケンカが起こった際に、その場にいてケンカを止めようと声をかけていたハルが、職員に状況をうまく説明できず、「知らん！」の一点張りになってしまう場面である。

【事例　子どもの居室（C室）前の廊下】

［C室で］他の子ども間でケンカがあった後、［ケンカを止めようとして］近くにいたハルに新人職員の定岡さん（20代男性職員）が話を聞こうとするが、「俺は知らん！」「何も知らん！」というハルの態度から［ハルが問題を起こしたと］勘違いし、状況をハルの前で膝をついて確かめていく。

しかし、実際にあった出来事をハルが言うと「え？　どういうこと？」［定岡さんは戸惑う］。そこで筆者が状況を伝える。

「じゃあハル、止めたん？　えらいやんか。最初からそういえばええやん。知らん、いいよるから」（定岡さん）

【2011年12月下旬フィールドノーツ】

ハルは、当時小学校1年生であり、自らに起こった出来事を言語化するのは容易ではなく、職員がその意図をくみ取ることもまた難しい。

子どもからうまく情報を得られない理由のもう一つは、子どもの「嘘」である。子どものなかには、反射的に嘘を言ってしまう子どもが複数いた。

【事例　学習室】

夏休みの終わり。学習室にユウや1年生（ハル、マコト）がおり、（筆者とは別の）ボランティアに絵本を読んでもらっていたが、ユウはこっち（筆者）に（別の）本を読んでほしいと頼んできた。「いいよ」（筆者）と言って、学習室から出ると、

林さん（20代女性職員）がやって来て、

「ユウ、遊んでばっかで、宿題は?」（林さん）

ユウ、無言。

「もう夏休み終わるよ、おわらんで宿題」（林さん）

「……まっちゃん（松本さん）が［宿題を］持ってる」（ユウ）

「ほんま?　とにかく遊んでないで宿題やりなさい」（林さん）

―中略―

この後、松本さんがやってきて、

「宿題、まっちゃんが持ってるって、なんでそんな嘘つくん!?」（松本さん）とユウは怒られていた。

【2011年8月下旬フィールドノーツ】

ユウは、宿題が終わっていないにもかかわらず、「宿題は終わった?」という職員の問いかけに「うん!」と元気よく答えることが多く、職員を困らせることが多かった。付け加えれば、ユウは、学校の宿題が「ない」ことを「先生が言った」ということもある。

【事例　学習室】

ユウが宿題をしないのは、連絡帳に何も書いてなかったからだということが判明［した］。［林さんが］「なんで書いてないの?」とユウに聞くが、どうもまともな答えではない。［ユウは林さんに］「宿題おぼえてる?　書こうや」といわれるが、「算プリ（算数のプリント）はない」という。［林さんが］「なんで?　みんなやってるやん」と言うと、［ユウは］「俺だけないねん」という。証拠がないのでなかなか難しい。［ユウは］ミキオ（小学校4年生）に「今から学校行って聞いてこいや」といわれていた。

【2012年1月中旬フィールドノーツ】

宿題の情報が、担任の教師が直接連絡帳に書いている場合もあれば、子どもが直接書く場合も多く、子どもの勘違いであったり「嘘」であったりする場合もあり、さらには、子どもが書き忘れてしまっている場合もある。同じクラスの子どもがいれば、すぐに確認できることもあるが、本当にそうなのか、職員も業務に追われるなかで、うやむやのまま終わってしまうこともある。

当然、子どもがいつも嘘を言うわけではない。その意味で、次の松本さん（20代女性職員）の言葉に表れているように、職員は、常日頃から幼い子どもの言葉をどう見極めるかについて難しい判断を迫られる状況にある。

【事例　学習室前の廊下】

筆者：見てておもったんですけど、低学年の子が騒ぐと状況がわかりませんね。
松本さん：そうなんです。
筆者：高学年の子なら言い訳とか。
松本さん：そう、低学年の子は言うこととむちゃくちゃなので……

【2011年5月上旬フィールドノーツ】

低学年の子どもが「むちゃくちゃ」なことを言うこと自体は、よくあることである。しかし、職員には、大人数の子どもに対応するため即座に状況を把握することが求められており、職員は子どもの発言を理解する難しさに悩み、焦りを感じている。

以上のように、職員は、その場で直面した情報が正しいのかどうか、判断する情報が乏しいまま支援を試みることになる。次節では、こうした状況に立たされた職員の文脈依存的な実践の例として、ジェンダー・ステレオタイプの使用による実践を取り上げる。

第2節　施設職員のジェンダー・ステレオタイプの使用と「即興の支援」

1　施設職員によるジェンダー・ステレオタイプの使用

前述したように、児童養護施設職員は、その場の状況に合わせて素早く子どもを支援せざるをえない状況に置かれていると考えられる。しかし、突然の対応となれば用いることができる支援のための資源は限られる。多くの場合、多数の子どもに当てはまるもの、たとえば年齢・学年や子どもの家族にまつわる事柄などがあげられる。この節では、そのなかでも「性別」に焦点を当て、職員のジェンダー・ステレオタイプの使用に着目する。

ジェンダー・ステレオタイプとは、「性別についての思いこみ」である。土肥伊都子は、「ジェンダー・ステレオタイプは、社会や国、年齢を越えて、ある程度人々に共有された、男女に対する思いこみ」という（土肥 2004：32）。その一方で、ジェンダー・ステレオタイプは、ただの思いこみというわけではなく、認知の枠組み（スキーマ）としても機能しているという（同：32）。スキーマとは、人の思考過程を方向づける枠組みである。つまり、「男性は○○である」「女性は○○である」といった思いこみ（ジェンダー・ステレオタイプ）は、実際には性別とあまり関係ない事柄であっても、性別と結びつけて思考するように働くのである。

こうしたジェンダー・ステレオタイプは、大人が子どもとかかわる際にしばしば使用されている。「男の子は泣いてはいけない」というような、ステレオタイプ的なジェンダー像を用いた子どもへの対応は、教育や子育ての場では頻繁にみられるものである。本節で着目するのは、どのような状況で職員がジェンダー・ステレオタイプを使用しており、それが職員の職務遂行においてどのような意味を有しているのかである。

以下では、水原園の職員が、どのようにこのジェンダー・ステレオタイプを用いた支援を行っているとみられるのかを、事例の検討によって解説していく。

水原園では、男子間での「ケンカ」への対応に、ジェンダー・ステレオタイプの使用をうかがうことができた。水原園の男子の場合、何かのきっかけで他の子どもへの暴力や周囲のものに当たり散らすなど「暴れる」場面がよく目につき、ケンカが発生することも少なくなかった。男子が暴れたとき職員は、当然落ち着かせようとするが、そう簡単にはいかず、職員が暴力をふるわれるなどさまざまな困難がともなう。

次の事例は、トオル（小学2年生・B室）が、コウジ（小学校6年生・A室）にバカにされたことで暴れてしまい、それを止めようとした職員の林さん（20代女性）に反抗する場面である。職員の林さんは、味方をしていたはずのトオルに攻撃され、「なんで蹴ってくるの？」と戸惑いを隠せずにいた。

【事例　B室】

トオルが林さんの前で暴れていた。止めようとトオルのシャツをつかむ林さんに向けて、トオルは「離せ！」「黙れ！」「離せって！」と泣きながら叫び、からだを大きく動かして暴れる。そんな様子をコウジが笑い、さらにトオルは暴れる。

事態が収まる様子がないので、筆者がトオルを羽交い締めにして止める。するとトオルは林さんの足を蹴り出す。トオルの行為に怒った林さんがぐいっとトオルを引き寄せ、子どもがいない他の部屋（C室）まで引っ張っていった。

この後、泣いていたトオルが落ち着いたのを見計らい、林さんはトオルに対して、次のように語りかけていた。「私、トオルの味方してたやん……なんで蹴ってくるの？　私だって我慢できへんのやで」

【２０１１年12月下旬フィールドノーツ】

「なんで蹴ってくるの？」という林さんの困惑は、水原園の男子とかかわる難しさを感じさせる。トオルに限らず、男子は、誰かにバカにされたと感じたとき周りの人すべてを「敵」とみなして攻撃することが多かった。職員は、このような事態に直面したとき、暴れる男子をおさえるのに手を焼く。さらに、トオルをバカにするコウジの存在によって、トオルの感情はさらに不安定になっていった。

次の事例は、上記の事例での騒ぎがおさまった後のことで、職員の松本さん（20代女性）が筆者に対して男子を止める難しさを話す場面である。

【事例　B室前の廊下】

松本さん：［筆者に］大丈夫でした？　さっきの［騒ぎ］。

筆者：あ、はい。いつものことと言えばいつもなので、ぼくは全然。でも、高学年の子が暴れるよりはね。低学年のほうが。

松本さん：［苦笑しながら］そうですねぇ。でもトオルくん結構力あるから……。

【2011年、同日フィールドノーツ】

松本さんが言うように、小学校低学年とはいえ、全力で暴れられれば大人でもおさえることは簡単ではない。大人が無理に止めようとすれば、子どもの怪我につながることもあり、力でおさえるのも限界がある。さらに職員も、子どもから暴力をふるわれれば痛みを感じるし、ストレスも溜まる。こうした職員の負担を軽くするという意味では、男子の「力」をどうやって抑制するのかが一つの課題となる。しかし、水原園は、いじめなど一方的な暴力でないなら子ども同士のケンカを止めることはしないという、課題の解決とは逆に思える方針をとっていた。殴る蹴るといったケンカは、男子同士で起こることがほとんどで、男子の「力」によるトラブルを抑制しようとするなら、そうしたケンカもなるべく止めたほうがよいのではないかと思えるが、職員はケンカをコミュニケーション上の課題のある子どもたちが、「譲り合い」を学ぶ機会になると考えていたのである。

このような方針のもと、男子同士のケンカをきっかけにして、職員がステレオタイプ的なジェンダー像を用いて、男子に働きかけを行う様子が時折見られた。次の事例は、要約すれば、職員の水野さん（30代女性）が、「ケンカは止めない」という考えのもと、ヒロユキ（小学校4年生・C室）とのケンカに負けて泣くユウキ（小学校3年生・C室）に「泣くほど悔しいなら負けんなや、男の子やろ！」と叱咤する場面である。

【事例　子どもの居室（C室）】

男子の部屋でユウキとヒロユキがケンカしていた。ただ、ヒロユキのほうがユウキよりも圧倒的に強く、しがみつくユウキを叩いて笑っていた。それでもユウキはヒロユキへぬいぐるみを投げたり、泣きながら突進したりする。

筆者が「待て待て」と声をかけるが、ユウキは「あーっ！」と叫び、落ち着かない。興奮したユウキが［騒ぎを見に来ていた］無関係の子どもも叩こうとしたため、筆者が「落ち着け落ち着け」と呼びかけ、後ろからユウキの両腕を摑んで止める。ユウキはそれでも「やめろ、離せ！」と、後頭部で筆者の腹部を何度も叩く。

そうこうしていると、水野さんがやってきて、ユウキは少し落ち着く。

水野さんはユウキにゆっくりとした口調で話しかける。

水野さん：なにがあったん？

ユウキ：どうでもいい（涙声）。

水野さん：どうでもよくないやろ、自分（ユウキのこと）、泣いてるやん。

ユウキ：泣いてない。うそ泣き。

水野さん：うそ泣き（呆れたように笑う）？　泣いてへんかったのに、押さえられてうそ泣きしたん？　みっちゃん（子どもたちの水野さんへの呼び名）はな、男の子同士のケンカなんて問題と思ってない。でも、泣いたら別。泣いてもやってたら、いじめになるかもしれんやろ。泣いてたら、止めるよ。ケンカにも意味があるやんか、意味のないケンカはあかん。泣くほど悔しいなら負けんなや、男の子やろ！

ユウキ：強くなるもん（ぼそりと一言）。

結局、ユウキは実は泣いていなかった、ということになり、騒ぎはおさまった。

【2011年6月上旬フィールドノーツ】

この事例で、職員の水野さんは、男子のケンカは問題ないと子どもに伝えながらも、「泣くこと」を理由としてケンカを「意味のあるケンカ」と「意味のないケンカ」に分け、ケンカを止めなければならない理由を文脈依存的に形成していた。そして、泣いて止めなければならない「意味のないケンカ」にならないよう、ユウキに「男の子なら負けるな」と声をかける。こうした「泣くほど悔しいなら負けんなや、男の子やろ！」という職員の声かけは、「男の子は泣いてはいけない」に代表されるステレオタイプなジェンダー観に基づいているととらえることができる。

森繁男は、幼稚園の教師が「児童中心主義」（個性主義）と「課題達成のための教室統制」の相反した実践を要求されているなかで、性別が統制のための有効な枠組みとなっていることを指摘する（森 1985：148）。これは、性別による統制が「自然」であると想定されており、それを理由とすることで子どもを納得させやすく、統制がある程度容易に行えるからである。

児童養護施設職員の職務は、文脈依存的な側面があり、職員はその場その場での判断が必要とされる。さらに、家庭環境に問題を抱え、多様なニーズをもつ子どもたちへの個別の対応と、集団生活を営むための統制という課題を抱えてもいる。こうした状況を踏まえると、子どもにも伝わりやすいと思われるジェンダー・ステレオタイプの使用は、職員の日々の統制において数少ない資源になっていると考えられる。

こうした男子に対して、ある種の「強さ」にかかわるジェンダー・ステレオタイプを利用する文脈依存的な働きかけは、ケンカ以外の場面でもうかがうことができた。次の事例は、通常静かにしていなければならないはずの学習室で起こった子どもの「腕相撲」を、職員が容認する場面である。

【事例　学習室】

ヨシタカ（小学校3年生・A室）などの宿題をみていると、ほかの子どもが腕相撲を始める。いつも落ち着きのないシュウ（小学校2年生・B室）が力を見せる。あまり大きくないシュウがヨシタカと勝負。シュウが勝利し、「うおーっ」と叫ぶ。女性職員の大場さん（30代）も、「勝ったの？　すごいやん！」と［シュウを］ほめる。ヨシタカが「もう1回」と言うが、それで終わり。今日はカズオ（小学校3年生・A室）がこちら（筆者）に筋肉見せてというなど、［子どもたちが］筋肉自慢［するよう］な雰囲気に［なった］。

【2010年11月上旬フィールドノーツ】

普段、学習室で子どもが騒いでいれば、職員は「ここは勉強するところ！」と子どもたちを注意することが多いが、このとき職員は子どもたちの「腕相撲」を止めるのではなく、むしろ勝者になって大声をあげるシュウを「すごい」と賞賛していた。このことから、職員は「腕相撲」という騒ぎに「勝負」という一定の意味があるとみなし、注意しなかったのだと考えられる。子ども同士が騒ぎだしたとき、注意しても騒ぎは収まらないどころか、注意したことでさらに騒ぎが大きくなるときもある。この事例の場合、職員は子どもたちに注意をして騒ぎを抑えようとするよりも、場の流れに任せて騒ぎを大きくしないよう試みているのではないかと考えられる。

この事例で示した職員の対応も、見方によっては、ジェンダー・ステレオタイプを使用している部分があるのではないかと考えられる。イギリスの男子校で調査研究を実施したS・アスキューとC・ロスは、男子たちの間には絶え間ない競争をめぐる相互関係ができあがっていると指摘し、そうした男子の競争的な関係を「パワー・プレイ」と称している（Askew & Ross 1988＝1997：59）。このような競争的な価値観が水原園の男子集団にあるとすれば、事例のような騒ぎを止めることは、男子の反発を招くおそれがある。むしろ職員は、男子集団の中にある競争的な文化を読み取り、無軌道に騒ぎが広がることを避けたのではないだろうか。こうした対応は、一見場当たり的なものに見えるが、それは見方を変えれば、職員が子ども個人や子ども集団全体の様子に応じて「ルール」を変化させる文脈依存的な対応を行っているともみなせるのである。

また、強さを誇示するような「男らしさ」のステレオタイプ的なイメージを利用した文脈依存的な実践は、子どもたちの家庭の文化的背景がかかわっている可能性もある。水原園に措置される子どもの保護者のなかには、若い頃にヤンキーや不良と呼ばれていた者も多いという。主任児童指導員の坂本さんは、そうした保護者たちを「オラオラ系」の親と表現していた（2012年1月インタビュー）。こうした子どもの家庭背景を考慮すると、水原園の男子は、「強さ」や「力」といった意味でのステレオタイプな「男らしさ」に親和性が高いのではないか。そのために、職員のジェンダー・ステレオタイプを使用した働きかけの形も、そうした子どもの家庭背景に合わせたものとなっていると考えられるのである。

しかし、こうした職員の対応を考えるとき、注意を払わなければならない問題は、ステレオタイプ的なジェンダー規範の使用は、すべての男子に有効とは限らないということである。場合によっては、ステレオタイプ的なジェンダー像を用いたかかわり方が、その子どもをさらに傷つけてしまうおそれもある。

また、そうした対応によって子どもが立ち直ったとしても、それが長期的に有効とは限らない。ケンカに負けることに苦しんでいた子どもが、また同じような事態になってしまった場合、「男の子なら泣いてはいけない」という職員の「男の子への期待」が子どもの重荷になる可能性もありうる。つまり、こうした職員の対応は、ジェンダー・ステレオタイプを固定化させるものであり、子どもへの「男らしさ・女らしさ」の押しつけであるともいえる。木全（2005：94）が、児童養護施設におけるステレオタイプ的なジェンダー観に基づいた考えや養育の仕方を反省していく必要があると指摘しているように、先入観や偏見にとらわれたジェンダーの強制は、子どもへの大きな負担にもなりうるのである。

2　施設職員のジェンダー・ステレオタイプの使用と「即興の支援」

前項で見てきたように、ジェンダー・ステレオタイプは、職員がトラブルをおさめるために利用できる数少ない統制のための資源である。しかし、ステレオタイプを固定化し、子ども集団の競争的な文化に合わない子どもが排除されるおそれもある。

その一方で、ジェンダー・ステレオタイプの使用には、子どもの統制だけではなく、支援として機能する側面があると考えられる。ステレオタイプなジェンダー像を用いた支援は、高校（土田 2008）や非行にかかわる青少年の支援現場（知念 2013）でもみられることがこれまでに指摘されている。

水原園の主任として職員をまとめる立場にある坂本さんは、職員のステレオタイプ的なジェンダー像を用いた子どもへの働きかけを、「過剰にジェンダーを押しつけるのはどうかと思う」と話しながらも、そのような働きかけには子どもの「プライド」を引き出す手段という側面がありうると語っていた（2011年12月中旬のインタビュー）。

坂本さん：ぼくはジェンダーフリーっていう部分についてては、反対はしないし、どっちかっていうと賛成派なんだけど、その、「男だ」っていう自認を［男子に］させてやることによって、プライドみたいな部分を上手に引き出してやるっていうのは、一つのストレングスなのかもしれないよね。［子どもに］違和感がなければよ。［性別を理由とした働きかけに］違和感がある子もいるので、当然そこは見極めてやらなければいけないけど、違和感がなければ「男の子だろう？」っていう、そこをプライドにかけてってていうのは、あるよ。そこはだから、時と場合によるよね。過剰にジェンダーを押しつけるのはどうかと思うけど。[1]

インタビューからは、坂本さんが、ステレオタイプ的なジェンダー・イメージをもって養育することの問題に対して敏感な視点をもっていることがわかる。それでも、坂本さんは、子どもの自尊感情を引き出し立て直そうとする試みの一つの手段としてジェンダー・ステレオタイプを用いることが、児童養護施設での支援において有効であることは否定できないと考えていた。
また、筆者は男子と主にかかわっていたため、紹介する事例は男子のものだが、坂本さんの話では、女子に対しても同様といい、ジェンダー・ステレオタイプを用いることで、拠り所のない状態にある子どもを上手に「ソフトランディング」（軟着陸。状態の緩やかな移行を意味する）させられるのではないか、と語っていた。

坂本さん：［女子の場合もジェンダーを意識］しますね。使い方によっては。　―中略―　家事育児とか洗濯物とか、そんなところで職員が言うたりとか、ちょっと片付けようとか、もうちょっと振る舞い方をおしとやかにしようよ、とか。［男らしさ・女らしさを］そこまで［他の］職員が考えてるかどうかわからへんよ？　ただ、上手に［子どもが自己を肯定できる状態へ］ソフトランディングさせようと思ったら、そういう使い方がある。

職員は、複雑な家庭背景を抱えた子どもに対して、もしも対応を誤れば支援が非常に困難になってしまいかねない状況にある。そのため、職員は施設の方針とともに、働きかける子どもの様子や周囲の子どもの様子を考慮して、子どもの自尊感情が損なわれないような対応を選択しなければならない。

これらの坂本さんの語りを踏まえると、前述した事例における職員の子どもへの「男の子やろ！」というジェンダー・ステレオタイプな声かけは、拠り所のない状態にある子どもの自尊感情のゆらぎを、その場その場でどうにか立て直そうとする試みという側面を見出すことができる。すなわち、施設に入所する前の家庭の状況によって傷つき、「怒りのエネルギー」をまとって必死で生活している子どもに対して、職員が同情するような対応をしていたら、むしろさらに傷つき、すぐには立ち直れなかったかもしれない。さらに、同情するような職員の対応を周囲の子どもにみられることで、子どもの自尊感情がより傷ついてしまうおそれもある。このように考えると、前項の事例で示した職員の「男の子やろ！」というジェンダー・ステレオタイプの使用には、男子の「プライド」を刺激することで、自尊感情を傷つけず、かつ素早く立ち直らせるような即興的な支援の側面があると考えることもできる。

さらに、坂本さんによれば、ジェンダー・ステレオタイプを用いた支援には、性別を起点として他者との関係を子どもに意識させるという要素を含んでいるという。子どもの損なわれた自尊感情を立て直す試みには、他者が子どもを肯定するメッセージを送ることが不可欠だと考えられる。そのためには、子どもが他人からの評価を意味のあるものとして受け止められる状態になければならない。つまり、他人に「愛されている」「褒めてもらえている」という感覚を得るためには、他人の目や考えを意識できる状態でなければならず、そうでなければ自尊感情を立て直すことは難しい。しかし、児童養護施設に措置される子どもの多くは、措置前の生活により「他人からどう見られているのか」に無頓着で、基本的な生活習慣から見直さなくてはならない状態にあるという。こうした子どもに、他者の目を意識するよう促すうえでも、性別で区切られた生活を送る施設の子どもにとって「自然なもの」と共有されやすいジェンダー・ステレオタイプの使用は有効とみなされているのである。

坂本さん：まあいうたら他者関係［への意識］、っていうのは当然ありますよね。別に［女子に］スカートを強要するとかそういうことではなくていいと思うんだけど。なんかこう、人がどうみてるのかとかね。人との関係性のなかで、どうみられるのかっていうのを大切に、気にしなきゃいけないから。

自己を肯定できず、拠り所のない状態にあるといわれる児童養護施設の子どもとのかかわりにおいて、ステレオタイプなジェンダー像の使用は、坂本さんのいう子どもが自尊感情をもてる状態へ「ソフトランディング」させようとする実践の重要な要素となっていた。

重要なことは、述べてきたような職員の実践は、「即興で」行われている場合が多い点である。職員は、ジェンダー・ステレオタイプを「即興の支援」とでも言えるような場面場面での文脈依存的な対応において用いていたのである。こうした実践の即興的側面は、第5章で示した職員の学習支援にも垣間見ることができるだろう。常に子どもの様子にアンテナを張り、何か他の業務を行っている最中でも支援のための重要な要素を見つけ、それを活用して状況に応じた「即興の支援」を実践する。

この「即興の支援」が、児童養護施設の生活環境を支えているのである。しかし、このような実践を誰もがすぐに行うことは難しく、多くの経験が必要であることも確かである。

第3節　「即興の支援」をとらえた意義

1　暴力と学習場面における「即興の支援」

福祉現場での専門職として児童養護施設職員の支援は、基本的には長期的な観点から計画を立てた支援が着目されやすく、研究上でも検討されやすい。日々のケアワークは、不可欠なものとして位置づけられているが、それはある意味でありふれた日常になってしまい、そこで何が起こっており、職員がどのように対処しているのかは、「ケア」「支援」と一括りにされ、職員が「どんな状況を」「どのように支えているのか」は、それほど明確にされてこなかった。

子どもの自立を支援する職員の職務からすれば、長期的な視野に立つことは重要であり、その場その場の問題対処ばかりに目を向けることは適切ではない。しかし、日常での繰り返される支援を言語化することが、施設の生活への理解につながるし、ひいては子どもがどのような環境で育っているのかを理解することにもつながるだろう。

また、本章で提示した職員の「即興の支援」の特徴からは、子どもの暴力への対応と学習への対応の共通性を見出すことができると考えられる。暴力の対応に「即興の支援」が行われることは、ある程度想像しやすいと思われる。元児童養護施設職員の山田勝美は、「試し行為」について論じ、自身に対して攻撃を行う子どもの行為は、攻撃そのものが理由なのではなく、何か別の要因ゆえに生じていることを指摘する（山田 2002）。つまり、暴力を行う子ども自身が、状況にもよるが、苦しんでいる状況ととらえることもできる。子どもの暴力は、被害を受ける者だけではなく、加害児童の自尊感情の危機でもある。本章でも、暴れる子どもに対応する職員の事例を示したが、職員はそれまでの経験や子どもの知識、社会的なイメージなどを駆使しながら、即興性が求められるなかで支援を行う。このように、施設に措置される子どもの一般的な特性をふまえれば、暴力場面の支援が「即興の支援」の側面を帯びるのは当然ともいえる。

そして、それは学習場面でも同様なのである。子どもが暴れたり暴力をふるったりする場面以外にも、学習場面でもこうした「即興の支援」はみられる。子どもが不安定な状態になってしまったり、学習室が騒がしくなってしまったりして子どもたちに職員の言葉が届かなくならないよう、子どもが学習に対して自尊感情を損なわないよう配慮する実践である。本章でこれまで焦点を当ててきたジェンダー・ステレオタイプの使用以外にも、たとえば、以下の事例からは、筆者がタカシ（小学3年生・A室）の宿題を見た後の、職員の対応にそのような実践の側面が読み取れる。

【事例　学習室】

タカシが書いている際、［筆者は字を］「丁寧にな」と、繰り返し言うことを心がけていた。とくに意識していなかったのだが、「みっちゃん（女性職員の水野さんのこと）、できた！」とタカシがプリントを見せると、「きれいな字」と、水野さんがタカシを褒め、「ほら、お兄ちゃんにありがとうって」と［学習室を］出ていく筆者にいう。タカシは「ありがと」とお礼をいい、［筆者は］「じゃあね」［と応じた］。

【２０１１年11月中旬フィールドノーツ】

この事例からは、職員が騒がしい学習室のなかで子どもをほめる要素を見極め、学習に対する子どもの意欲を向上させようと試みていることがわかるだろう。

たしかに、「宿題をしない」「勉強ができない」という子どもの課題は、暴力と比較すれば緊急性のない事態に思える。しかし、榊原ら（2005）が指摘するように、内容がわからずに勉強しなければいけない事態は、子どもにとって自尊感情の危機である。子どもが、じわじわと苦痛を感じるからこそ、本書第４章のように学習場面から暴力に発展する場合があるとも考えられる。宿題の問題がわからなければ、それは子どもにとって「失敗」の連続である。これは、「宿題をしなくてもいい」「間違いでもいい」で済ませられるような簡単な話ではない。そうしてしまえば、職員にとって支援の放棄になってしまうし、子どもにとっても、とくに水原園のように子どもに学習習慣が形成されている環境では、「どうでもいい子ども」と見捨てられる感覚を与えてしまうかもしれない。大げさに聞こえるかもしれないが、職員の実践をつぶさに見れば、職員が、そのような「小さなこと」の積み重ねによって、子どもの自尊感情を高めようと即興的に働きかけていることがわかる。

このように「即興の支援」は、むしろ学習のように日々当たり前に行われながらも、ときに子どもにとって大きな壁になる事柄の場面でこそ行われる営みなのである。

2 「即興の支援」の功罪

本章では、児童養護施設職員の職務遂行の様子を明らかにするため、職員のジェンダー・ステレオタイプの使用を一つの例として分析を行い、職員がその場の文脈に合わせて、時折子どもにステレオタイプ的なジェンダー像を用いた支援を試みていることを示した[2]。このような子どもへの対応は、トラブルが発生した際に子ども本人の様子や周囲の子どもの様子、子どもの家庭背景や施設の方針などを考慮しながら、一時的にでも子どもの自尊感情を安定させようとする職員の試みの一つであった。こうした本章の考察からは、職員の実践には、支援のための資源が制限されたなかで、状況に合わせてより効果的な支援を行おうとしている合理的な側面、すなわち文脈依存的な「即興の支援」とでもいうべき側面があることを見出すことができた。

一方で、「即興の支援」には、功罪ともいえる側面があることに留意したい。「即興の支援」は、その場その場での限定的な実践であり、問題を現状のまま維持してしまう側面もある。

不安定な状態にある子どもを相手に、ときに緊急性が求められ、即興的に支援しなければならない状況は、支援の場では労働条件の良し悪しとは関係なく起こりうるだろう。しかし、労働環境が悪く職員の働き方に余裕がなくなれば、即興的に支援するための技術や経験の蓄積は難しくなるし、「即興の支援」が必要な場面も増えるだろう。ところが、職員が「即興の支援」に努めることによって、職場全体で「なんだかんだうまくやれている」と誤認してしまい、皮肉にも労働環境の改善が進みにくい事態が起こりかねない。

そして、労働環境に余裕がないまま行われる「即興の支援」は、むしろ問題の先送りにもつながりかねない。本章で提示したジェンダー・ステレオタイプの使用は、男子の力によるコミュニケーションを維持してしまう側面がある。男子の「力」によるコミュニケーションは、それに対応できない子どもにとっては苦痛であるし、職員にとっても子どもに対応する際の負担が増す要因でもある。心理的に不安定になった子どもが「暴れる」ことを、無理矢理おさえ込むことは難しいと思われるが、男子が「力」を使わずに「怒り」を表現することができるよう促す手段を考える必要はある。しかし現状では、ジェンダー・ステレオタイプの使用を繰り返すことで、問題がある種先送りになってしまっているともいえる。ここには、「即興の支援」の実践が、不安定ななかでの試みであることが如実に表れている。「即興の支援」は、時間をかけて取り組むことが難しい限定された状況のなかで、その場その場で行われるものであり、状況を悪化させずに、現状を維持する方策なのである。

これまで子どもに日常生活を保障する児童養護施設職員の実践には高度な専門性が求められると指摘されてきたが、そうした実践がどのように行われているのかを実証的に明らかにした研究はほとんどなかった。本研究の調査対象は、小学生男子が中心であり、小学生女子や中高生に対しても同様のことがいえるのかどうかは慎重に考える必要があるが、本章の考察からは少なくとも、こうした「即興の支援」という側面を念頭に置かなければ、職員によるその場その場での実践の意味を明確に理解することはできないことは示されたといえよう。そうした意味で、本章の知見は、職員が日常的に行う支援の有効性を示し、職員の実践への理解を促進させるものといえる。

〈注〉

(1) ここで坂本さんのいう「ストレングス」とは、援助相手の「できないこと」よりも「できること」を活用して援助するアプローチを指す用語である。

(2) ジェンダー平等を志向する立場からすれば、本章で示したケンカに負けて泣く子どもへの対応に関して、ステレオタイプ的なジェンダー像を用いずに働きかける選択肢もありうるのではないかと考えられる。たとえば、泣いている子どもに「もう低学年じゃないのだから」など年齢や学年を軸にして働きかけることや、叱咤激励ではなく泣くことを許容する働きかけも当然ありうる。仮にこうした現場にジェンダー平等の問題意識を浸透させようとするならば、ステレオタイプ的なジェンダー像を使用しない現場の文脈に即した働きかけを探る必要があるだろう。このことは本書の目的を超えるため、今後の課題としたい。

第7章 児童養護施設の生活環境からみえるもの
――本書の結論として

これまでの事例分析では、児童養護施設水原園での調査に基づき、第4章で子どもの暴力発生の背景を子ども集団の仲間文化から明らかにし、第5章で学習場面での子ども間および子どもと職員間の相互作用の背景を考察した。そして、第6章においてジェンダー・ステレオタイプの使用を一つの例として、職員の文脈依存的な職務遂行の様子を明らかにしてきた。

以下では、これらの議論をまとめ、児童養護施設の生活環境形成のダイナミクスを示す。そのうえで、本書の知見がもつ研究上および実践上の意義を考察する。

第1節 児童養護施設の生活環境形成のダイナミクス

貧困が社会的な関心を集めるなか、「子どもの貧困」は、今後より重要性を増す研究テーマであると思われる。これまでの「子どもの貧困と教育」研究では、貧困に由来する子どもの教育の課題は、公的な領域としての学校における教育的不利と、それに対置される子どもの私的な領域としての家庭環境の側面から論じられてきた。しかし、貧困ゆえに家庭で暮らせない子どもの私的領域の生活は、ほとんど着目されていなかった。そこで、本書では、家庭で暮らせない子どもの育ちに迫るため、児童養護施設の生活環境に焦点を当てた。

児童養護施設では、子どもの暴力抑制や教育達成が課題となっており、それらへの支援の重要性が主張されるなか、従来の施設研究では、子どもの育ちに対する支援がうまく進まない施設の構造的制約に焦点が当てられてきた。そして、施設の子どもが暴力的なふるまいや「低学力・低学歴」傾向にあるという現状をもって、職員が支援を十分に行えていないかのようにみなしがちであった。しかし、現状の表面的な部分のみをもって施設の生活環境をとらえたのでは、たとえ子どもや職員が構造的制約のもとで生活環境を維持・改善しようとする試みを行っていたとしても、そうした試みやその効果は見逃されてしまう。施設の子どもの育ちをより実態に即して理解するためには、子どもや職員を施設の構造的制約のもとでただ単に受動的にふるまう存在とみなすのではなく、そうした制約のもとにありながらも子どもや職員がある程度能動的にふるまっている側面や、そのような実践を通して施設の生活環境が維持・改善されている側面にも目を向ける必要がある。

このような関心によって、本書では、施設での子ども間および子どもと職員間での相互作用を分析することで、施設の生活環境形成のダイナミクスを明らかにすることを目指した。このため、近畿圏にある児童養護施設水原園でおよそ2年のエスノグラフィックな調査を行った。その調査で得られた事例を分析した結果，以下のことが明らかにされた。

第一に，子どもたちの施設の生活環境を阻害する行為の背景に迫るため，子ども集団の仲間文化が子どもの間での暴力をどのように促しているのかを考察した。その結果，水原園の子ども集団には他者に対する優越を志向する仲間文化が形成されており，他の子どもへの「落ち度」の指摘や暴力が，他者よりも優越するための「手っ取り早い」手段になる様子が確認された。そして，施設の子どもたちが自尊感情を立て直そうとして，そうした文化を能動的に作り上げている側面があることを指摘した。

第二に，水原園の学習場面で子ども間および子どもと職員間でどのような相互作用が生じているのかを検討した。学習がうまく進まない子どもは，自らの課題を達成するよりも他の子どもの「落ち度」を指摘することに執心していた。他者への優越を志向する子ども集団の仲間文化を考慮すれば，学習場面での子ども間のトラブルには，自分が課題を達成するよりも相手が課題を達成していないことを指摘することで，「その場だけの」優位を得ようとする行為としての側面があることがわかった。

その一方で，学習支援の場面で職員は，変則的なルールの適用をしたかと思えばルールを厳格に適用することもあり，それが子どもの反発を引き起こすこともあった。その支援の仕方は合理的ではないかのように見えたが，事例を詳細に検討した結果，一見場当たり的な対応に見えた学習場面での職員の対応は，職員が状況に合わせて子どもを落ち着かせ，学習環境を維持する合理的な側面をもつことがうかがえた。一方、ルールの厳格な適用からは、子どもが「学校の宿題ができていない」事態になることを避け、子どもの学習環境をどうにか安定させているという側面が見出された。合理的ではないかのように見えた職員の働きかけは、構造的な制約のもとで職員が、利用できる資源が少ないなかで職務を果たすための合理的な実践の側面としての側面をもつと解釈された。

第三に、施設の構造的な制約のもとでの職員による子どもの支援の実践を明らかにするため、ジェンダー・ステレオタイプの使用を一つの例として分析した結果、職員が子どもに自尊感情をもたせようとする場面などにおいて、時折ジェンダー・ステレオタイプを用いた支援を試みていることが明らかになった。そして、こうした職員の実践には、支援のための資源が制限されたなかで、状況に合わせてより効果的な支援を行おうとする合理的な側面、すなわち、文脈依存的な「即興の支援」ともいうべき側面があることを指摘した。

これらの分析からは、水原園の生活環境は、子どもたちがときに暴力的にふるまいながらも施設生活を自分たちなりにやっていこうとする試みと、職員が構造的制約のもとで限られた資源を活用して半ば即興的に子どもを支援することで成り立っていることがわかる。施設の生活環境は、さまざまな構造的制約を強いられながらも、主体的に自分たちの生活を維持しようとする子どもたちの実践と、より効果的に自分たちの職務を遂行しようとする職員たちの実践との相互作用によって形作られているのである。

本書では、家庭で暮らせない子どもの私的領域における育ちの一つの例として、児童養護施設の生活環境の実態とその形成のダイナミクスを描いた。本研究のオリジナリティは、調査テーマと研究対象の設定にある。まず、既存の教育研究で「空白」部分であった「家庭で暮らせない」子どもの育ちに着目した点である。これにより、学校という公的領域に対する私的領域の生活が重要とされるなかで「家庭」のみに目が向きがちであった従来の研究に対して、家庭で暮らせない子どもの私的領域の生活をめぐる困難を解明するという課題を提示した。

次に、これまでにほとんどない児童養護施設でのエスノグラフィックな調査を行い、その生活環境の実態を示した点である。児童養護施設は、子どもや職員にとって日常生活の場であり、研究上の接近が困難であった。こうしたオリジナルな観点で調査研究を行い得られた知見には、以下の意義がある。

第2節　児童養護施設の生活環境から子どもの教育をとらえる必要性

まず、本書が、児童養護施設の生活環境の詳細を明らかにしたことの意義を考えてみたい。これまでの「子どもの貧困と教育」研究では、貧困に由来する子どもの教育的不利を論じる際、学校における対応の不足とともに、学習に熱心ではない家庭の環境が主な論点になってきたが、こうした家庭で暮らせない子どもの生活実態は、学校や家庭だけを見ていては見過ごされてしまう。

従来の児童養護施設の研究において、施設の集団を前提とした生活や職員に対してあまりに多い子どもの人数比といった構造的制約のもと、子どもや職員は、多くの課題が存在する状況を甘受するだけの存在であるかのようにみなされがちであった。本調査でも、施設の生活においては、集団生活のなかで子どもが暴力的な行動を見せることがあったり、職員が子どもを十分に支援できなかったりと、多くの課題がみられた。しかし他方で、構造的制約のもとであっても、子どもも職員も、自らにとってよりよい生活環境を主体的に形成しようとしていた。たとえば、子ども間での暴力は解決すべき課題であるが、子どもたちにとっては、自らの自尊感情を安定させる手段としての側面があった。職員は、支援に使うことができる資源が限られるなかでも、「即興」で支援を行い、子どもの自尊感情を肯定できるよう促していた。施設の生活環境は、ある種の「妥協」によって成り立つ不安定なものでありながらも、子どもや職員が自らの置かれた状況をそのまま受動的に受け入れた結果とは限らないものであった。

こうした本書の知見は、今後の児童養護施設の子どもの教育を研究する際、次のような示唆を与えるものである。

一つは、児童養護施設の生活環境や職員の学習支援のあり方を多角的に理解することへの貢献である。本書が示した施設の学習をめぐる困難を認識していなければ、施設での教育を評価する際に、子どもの学力や進学率の向上といった「結果」の良し悪しのみに注目してしまい、その過程で行われている支援の意義を見誤るおそれがある。つまり、子どもの学習の成果が表れていないように見える状況の表面だけを見て、生活環境が「悪い」「うまくいっていない」と断じることの危険性である。

子どもたちが粗暴なふるまいや落ち着きのない様子を見せ、学習の成果が表れていなければ、その施設の子どもの育ちは「うまくいっていない」とみなされやすい。しかし、うまくいっていないように見える事態でも、成員が「何もしていない・できていない」結果とは限らない。水原園でみられたように、「落ち着かない」生活環境を形成・維持する子どもたちの行為が、子どもにとっては施設内で「うまくやる」手段である場合があり、それを職員が支援することで、事態がより深刻になってしまうことを避けている状況が存在する。一見、非常に不安定に見える状況であっても、そうした環境が形成されるダイナミクスに着目することで、職員が「なんとか対処している」様相が明確に浮かび上がってくるのである。

子どもの貧困が取り組むべき課題とされるなかで、貧困や虐待などの結果、子どもが措置される児童養護施設の生活環境や支援のあり方の解明は、研究上でも実践上でも重要である。しかしそのような取り組みを進めるうえでは、施設の抱える表面的な問題のみに目を奪われることなく、それらの問題がどのようなプロセスを辿って形成され、そのプロセスのなかでどのような対処が行われてきたのかを検討することが必須である。

このことは、児童養護施設の運営指針に第三者機関の評価が義務づけられ、「子供の貧困対策に関する大綱」により施設の子どもの教育に注目が集まる流れのなか、施設の環境が問題視された場合に、「職員は適切な支援ができていない」という判断や「だから支援のやり方を変える」という考えが常に妥当とは限らないことを示している。すなわち、「今ある支援がよくない」と断じる前に、その施設内部の文脈を踏まえ、現在の支援の形をより生かすためにはどうすればよいか、あるいは、生かしながら現状を改善するためにはどうすればよいかを考えていく必要もあるだろう。

児童養護施設を「評価」する目には、子どもの課題が解決されていない現状のみを見るのではなく、それが職員の支援によって「引き上げた」結果なのか、あるいは「放置」してしまった結果なのかを適切に見極めることが求められる。少なくとも、子どもの学力向上や進学率の向上といった「結果」の良し悪しだけをもって、施設の環境を評価することには慎重でなくてはならない。

さらに、本書の知見がもつ児童養護施設の子どもの教育をめぐる問題に対する実践的な意義として、施設と学校との連携を深めることに寄与する点を挙げることができる。施設での学習支援は、基本的には学校教育の補助として位置づけられる。このため、施設の子どもが抱える学習上の困難の解決には、施設と学校の連携が不可欠である。保坂亨らは、2009年から2012年の間、学校と施設の連携の有りようを調査し、「被虐待児の援助に関わる学校と児童養護施設の連携」研究報告書（2009-2012）を第4報まで刊行している。また、村松健司は、施設と学校の連携を量的・質的調査によって詳細に検討している（村松 2018）。しかし、これまでの「施設と学校の連携」に関する研究は、施設と学校が子どもの情報を共有しているのか、あるいは学校の教師が施設の子どもにどう対応しているのかという関心が中心であった。そのため、施設の学習環境の詳細はほとんど明らかになっていなかった。このような状況では、子どもになんらかの学習上の困難がみられると、学校側からあたかも施設全体の環境がよくないのではないかと考えられてしまう可能性がある。しかし、本書で示したように、子どもが学習上の困難を抱えていたとしても、それは施設の学習環境が「悪い」からとは限らず、むしろ職員たちの努力によってその程度まで「良く」なっている場合もありうる。こうして学校・教師が施設の生活への理解を深め、職員の認識と教師の認識のズレをなくしていくことは、施設と学校との円滑な連携に役立つだろう。このように施設内でどのような教育的働きかけが行われているのかを明らかにすることは、学校の側による施設への理解を促進させる点で意義があるといえる。

第3節　社会的養護の小規模化・家庭化推進のなかで

続いて、本書の知見が、社会的養護においてどのような実践的な示唆をもつのかを論じていきたい。子どもの貧困や虐待問題に焦点が当たるなかで、児童養護施設と、そこで生活する、あるいは退所した子どもに対する関心が高まってきた。本書は、そうした施設の生活実態を明らかにするものであった。本書で検討した施設は、定員が20名以上のいわゆる「大舎制」の施設である。そこで、施設の小規模化と、養育環境の家庭化について考えたい。

何度か述べてきたが、現在の児童養護施設など社会的養護の場では、以前は主流であった大規模な施設の課題が指摘され、その規模の小規模化、そして里親に代表される家庭化が推進されている。このような流れのなかで、施設か里親か、大規模か小規模かといった図式が生み出されている。しかし、そのような図式に基づく議論は、多くの研究者や現場の職員から批判されている（たとえば、浅井・黒田編 2018）。今、期待されることは、それぞれのタイプの社会的養護の場においてこれまで積み重ねられてきた実践を共有するとともに、子どもの声や個別性に応えるうえで各タイプにどのような課題を抱えているのかを議論することであろう。社会的養護を要する子どもに対する支援の手段は、そのような多角的、多面的な議論を通して形作られていかなければならない。

児童養護施設は、以前は大舎制が大半であったが、施設の小規模化は次第に進んでいる。しかし、小規模化は、多くのメリットが語られているものの、職員の負担が増加するといった課題も指摘されている。それでは、本書で示した施設の生活環境は、小規模化されることでどのように変化すると考えられるだろうか。

まず、小規模化したことで、子どもの集団性が消えるかといえば、そうではないだろう。たとえば、地域小規模児童養護施設の子どもの定員は6名であり、大舎制と比較すれば少ないが、複数での子ども同士の関係性は維持される。そして、少人数の生活では、子ども同士の関係は互いに影響を与えやすいものとなり、場合によっては、ある子どもの逸脱的なふるまいが他の子どもに伝播しやすくなることもありうる。そうだとすれば、施設の小規模化は、短期的には子どもの生活環境の課題を増加させることもあると考えられる。しかし、このことはネガティブな側面ばかりとは限らない。というのも、1人の職員がケアする子どもの人数が少なくなり、子ども一人ひとりに目が届くようになれば、これまで目が行き届かなかった課題に職員が気づくことにつながるからである。施設の小規模化は、むしろこれまで不可視であった子どもや職員の課題を可視化させる効果をもちうる。本書の知見からいえば、仮に小規模化によって施設の生活環境が不安定になったとしても、そこから職員が一つひとつの課題を発見し、対処することもまた可能になる。このように考えるのならば、施設を小規模化することで子どもの課題が表面化することがもしあったとしても、それだけをもってして否定的に評価するのは早計であろう。

他方で、児童養護施設を小規模化することが「家庭化」をともなうとすれば、そこには一定の注意が必要である。藤間公太が、現在の社会ではケア責任が家族一か所に集中するという課題があると指摘するように（藤間 2017：152–154）、既存の家族規範に沿った家庭化は、むしろ職員にケア責任を集中させ、家庭が孤立する状況と変わりないものになってしまうおそれがある。そうだとすれば、より規模の大きい施設の生活環境がもつ、さまざまな価値観や文化との接触の機会が失われてしまうかもしれない。社会的養護における「家庭化」を推進するのであれば、既存の家庭化とは異なるオルタナティブな家庭化が目指されるべきではないだろうか。その際、すべての子どもに当てはまるわけではないが、子どもの保護者との交流・家庭支援が大きなポイントの一つになりうるように思える。

続いて、本書で指摘した「即興の支援」は、大規模な児童養護施設の集団生活での、職員の実践の特殊性を示したものだろうか。決してそうではないだろう。集団生活での特殊な状況下でこそ見えやすい側面はあるかもしれないが、子どもの大人への信頼感や自尊感情が揺れ動き、今にも失われてしまいそうなとき、多くの選択肢のなかで迅速に支援の形を決断する即興性が求められることは、小規模な施設養護でも、里親による養育でもありうるのではないだろうか。

もちろん、施設と里親では、養育についての考えやそのやり方が異なる面も大きい。たとえば安藤藍は、里親へのインタビュー調査から、里親の専門性を福祉専門職とは異なる「素人としての専門性」と表現し、そこにある里親の論理として、家庭生活の有意義性と仕事としてケアにあたることの違いの強調を指摘している（安藤 2017：146）。しかし、ケアを必要とする子どもに対して、即興的なかかわりが求められることは同様ではないだろうか。もしそうだとすれば、それぞれにどのような場面で、どんな形の即興的なかかわりが求められているのかを今後明らかにしていくことで、施設か里親かの対立的な図式にとらわれることなく、社会的養護の養育の在り方を問う議論をより発展させることができるかもしれない。

第4節　貧困の連鎖を食い止める社会的養護の可能性と課題

さらに、本書の知見を、貧困の世代間再生産の問題と結びつけて考えてみたい。一つは、社会的養護が日本の貧困再生産を緩めている可能性、もう一つは、その可能性を阻む課題についてである。

本書では、児童養護施設水原園において、子どもが十分には落ち着けない環境ながらも、ある程度の学習意欲、および学習習慣の形成が行われていたことを示した。そして近年では、施設でも一定の割合の子どもが、大学等への進学を目指すようになった。そうした子どもは、施設出身の子どものなかでもごく少数の「エリート」に分類されるかもしれないし、保護者からの援助が得られない子どもにとっては、進学よりも高校卒業後に就職を選んだほうが合理的な選択かもしれない。しかし、少なくとも、施設では子どもが自身の保護者・家庭のものとは異なる文化や価値観を学ぶことができる。それが貧困の連鎖を断ち切る方向への変化に作用する可能性は十分にあるだろう。

児童養護施設出身者にそのまま当てはめることはできないかもしれないが、類似の例として、生活保護家庭の研究では、子どもが家庭の状況を考慮し、進学を断念する様子が指摘されている（たとえば、林 2016）。リスターは、貧困には、経済的な問題だけではなく、それによって参加の機会が制限され、関係・つながりが形成できない「関係の貧困」の問題もあることを主張している（Lister 2004＝2011）。生活保護家庭や経済的困難を抱えたひとり親家庭など、子どもの貧困にかかわる家庭では、子どもが経済的な問題によって友人との交流や学習の場への参加がしづらく、その結果、自らとは異なる文化・価値観とつながる機会が失われてしまいがちだと思われる。

このように考えると、児童養護施設には「関係の貧困」を解決する契機が備わっていることを指摘することができる。施設では、職員や他の子どもたちのもつ多くの文化・価値観と触れ合うことができるからである。また、施設では、物的な意味での学習環境はある程度整っている。たとえば、大阪市の調査（大阪市児童福祉施設連盟養育指標研究会 2010）では、施設に在籍する子どもの多くが、勉学に集中する環境がある程度整ったなかにいることが示されている。これに加えて、個々の職員や子どもがもっているさまざまな価値観との接触が、子どもが親・保護者とは異なる発想と出会う機会になることは十分に考えられる。進学行動は、本人の努力に劣らず周囲が進学を促すような働きかけをしているかどうかにも大きく左右されるとすれば、本書でも示したように、子どもが集団になることにともなう問題点はあるものの、施設の生活や学習支援は、貧困の世代間再生産を緩めている可能性もあるのではないだろうか。

他方で、現状の社会的養護の在り方が、児童養護施設が有する貧困の連鎖の予防・防止の機能を阻害している可能性についても考えてみたい。そのために、以下では日本における施設の子どもと「相対的剥奪」の有りようを考察してみよう。

「子供の貧困対策に関する大綱」に児童養護施設の子どもの進学が課題として挙げられているように、施設の子どもの大学等への進学率の低さは、社会的課題である。もちろん、施設の子ども全員が大学等への進学意欲をもつわけではない。しかし、学費や生活費の工面や学習意欲の形成が難しいことによって、子どもの進路の選択肢が狭まっている状況は、施設の子どもが社会的に排除されやすい現状を示している。

このような問題は、児童養護施設職員がよりよい実践をすればするほど広がっていく可能性がある。先述したように、子どもの学習意欲や進学意欲には、家庭環境での働きかけが大きく影響しているといわれる。現代では、施設の子どもには保護者がいるケースも多いものの、施設で職員と確かなつながりを形成すれば、子どもの「準拠集団」（Merton 1949＝1961）が一緒に生活していた職員集団となることもあるだろう。そうなれば、学習への働きかけが熱心ではない家庭で育ったなら進学を志向しなかったかもしれない子どもが、施設で育ったことで学習意欲が高まり、進学意欲が形成されることは十分考えられる。あるいは、職員に対して「あこがれ」や「尊敬」を抱き同じ職業になりたいと考えるかもしれない。職員の多くは、大学等を卒業している。基本的に職員になるためには、大学等への進学が必要であり、実際に、職員にあこがれを抱き、大学進学を志す事例も報告されている（長瀬 2011b：125）。こうして施設生活を送ったことで進学意欲が形成された子どもが、進学資金を工面できなかったり、施設措置前の家庭環境に由来する学習課題を克服できなかったりして、高等教育への進学を諦めざるをえなくなっていたとすれば、それはまさに貧困による「相対的剥奪」の側面であるといえる。このことは、施設のように職員が保護者に代わって子どもを養育する社会的養護の場での支援に内在する問題といえる。

もしも、子どものためのセーフティネットである児童養護施設で、子どもの進学意欲が向上しながらも進学機会を阻まれる構造的な問題が起きているとすれば、それは今後の社会全体が対策を考え、解決すべき問題である。２０２０年4月から「高等教育の修学支援新制度」（高等教育の無償化）が実施されており、この制度がこうした課題の解決につながるのか今後注目される。ただし、この課題を高等教育への進学だけではなく卒業までも視野に入れると、経済面の支援だけでは不十分といえる。施設退所後に一人暮らしをする場合、施設出身者には、金銭管理や孤独感など、経済的支援だけでは解決が難しい課題があるからである。たとえば、西本佳代は、大学を経験した施設出身者にインタビュー調査を行い、施設の子どもが大学を卒業する際には、経済的支援だけではなく、金銭管理やそれ以外の生活支援などソーシャルワーク的なかかわりが必要であると指摘している（西本 2015, 2018）。

研究上でいえば、これまで児童養護施設での生活における集団性は、職員による養育実践上の利点や課題といった文脈で検討されることがほとんどであった（たとえば、谷口 2011、第4章）。しかし、「関係の貧困」の解消という観点に立てば、施設生活の集団性には、社会性や協調性の育みにとどまらない、さまざまな他者との出会いを果たす機能、つまり関係の貧困の世代間再生産の抑制という側面もみえてくる。この点については、逆のパターン（施設措置によって世代間再生産が促進された）も多くみられるのかも含めて、施設退所者の進路を生活史とともに把握し、分析する必要があるだろう。

以上、本書の知見は、児童養護施設の生活環境を一つの例として、「家庭で暮らせない」子どもの育ちへの多角的な理解を促進させることに寄与するものである。今後、「子どもの貧困」と教育にかかわる調査研究が蓄積されていく流れのなかで、施設の学習状況にも一層の注目が集まると思われる。施設の子どもへの支援の方策を考えるうえで、施設内部の文脈を考慮して子どもの学習状況や支援の形を明らかにすることは欠かせないものである。

第5節　残された課題

このように、本研究は、児童養護施設の子ども間での暴力問題や職員の実践の特徴への理解を促進し、子どもの貧困と教育研究の発展に寄与する知見をもたらした。しかし、残された課題も少なくない。

第一に、さまざまなタイプの児童養護施設の生活環境を分析することである。本研究の対象は、都市部の大舎制の施設であった。大舎制での環境と、たとえば地域小規模児童養護施設での環境には当然相違点があると考えられる。児童養護という場の生活環境のより一般的な知見を得るためには、施設の規模や子どもの人数の違いを考慮した考察は重要だろう。また、施設が都市にあるか地方にあるかによって、学習のために利用できる資源や大学等の高等教育機関の多さなどの点で、子どもの学習意欲・機会や職員の学習支援の方略は左右されるのではないだろうか。地方の施設の生活環境に接近することで、より本研究の知見の意義も増すと思われる。

第二に、対象となる子どもの年齢の幅を広げることである。本研究では、児童養護施設の小学生が中心であり、幼児や中高生への支援のあり方を扱うことはほとんどできなかった。とくに、学習の問題が明確に立ち現れるのは、高校および大学等の「受験」が差し迫ったときだと考えられる。その意味で、施設の生活環境が、子どもの受験をめぐる困難にどのように影響しているのか、また、受験勉強が近づく中学生や高校生がどのように学習を進めているのか、職員がどのように学習を促しているのかといった中高生への働きかけを明らかにすることは今後の研究で必須であろう。

第三に、女子の生活環境へのアプローチである。本研究では、調査上の制限から、ほぼ男子の生活環境に焦点を当てて考察してきた。本研究で得られた知見がきわめて男子のみに特徴的なものなのか、それとも女子にもある程度当てはまる男女共通のものなのかについては、女子を対象とした知見と比較しつつ、慎重に検討することが必要だろう。

以上のように、残された課題も少なくはない。しかし、本研究は、「家庭で暮らせない」子どもの私的領域の一つである児童養護施設における子どもや職員のミクロな相互作用を分析することで、そこでの生活環境の詳細とその形成のダイナミクスを明らかにすることができ、一定の成果をあげることができたと考える。

本研究の成果が、児童養護施設にかかわる人々、さらには子どもへの教育や支援にかかわる人々、貧困の支援にかかわる人々など、子どもの貧困を解決するための研究や実践に取り組む人々に、少しでも貢献できれば幸いである。

引用・参考文献

和文文献

相澤真一・土屋敦・小山裕・開田奈穂美・元森絵里子（2016）『子どもの貧困の戦後史』青弓社。

青木紀（1997）「貧困の世代的再生産　教育との関連で考える」庄司洋子・杉村宏・藤村正之編『貧困・不平等と社会福祉』有斐閣、129-147頁。

青木紀（2003）「貧困の世代的再生産の視点」青木紀編著『現代日本の「見えない」貧困　生活保護受給母子世帯の現実』明石書店、11-29頁。

青木紀・杉村宏・松本伊智朗・野崎哲也（1993）「現代の子育てと社会階層　北海道子どもの生活環境調査から」『教育福祉研究』第2号、1-70頁。

青砥恭（2009）『ドキュメント高校中退　いま、貧困がうまれる場所』ちくま新書。

赤石千衣子（2014）『ひとり親家庭』岩波新書。

赤林英夫・中村亮介・直井道生・敷島千鶴・山下絢（2011）「子どもの学力には何が関係しているか「JHPSお子様に関する特別調査」の分析結果から」樋口美雄・宮内環・C. R Mckenzie・慶應義塾大学パネルデータ設計・解析センター編『教育・健康と貧困のダイナミズム―所得格差に与える税社会保障制度の効果』慶應義塾大学出版会。

浅井春夫編著（1995）『子ども虐待シンドローム　養護施設から日本の現状がみえる』恒友出版。

浅井春夫・黒田邦夫編著（2018）『〈施設養護か里親制度か〉の対立軸を超えて「新しい社会的養育ビジョン」とこれからの社会的養護を展望する』明石書店。

浅井春夫・松本伊智朗・湯澤直美編（2008）『子どもの貧困　子ども時代のしあわせ平等のために』明石書店。

朝日新聞大阪本社編集局（2008）『ルポ　児童虐待』朝日新書。

朝日新聞取材班（2018）『増補版　子どもと貧困』朝日新聞出版。

阿部彩（2008）『子どもの貧困　日本の不公平を考える』岩波新書。

阿部彩（2013）「子どもの健康格差の要因　過去の健康悪化の回復力に違いはあるか」『医療と社会』22⑶、255-269頁。

阿部彩（2014）『子どもの貧困Ⅱ　解決策を考える』岩波新書。

新井直之（2014）『チャイルド・プア　社会を蝕む子どもの貧困』TOブックス。

安藤藍（2017）『里親であることの葛藤と対処　家族的文脈と福祉的文脈の交錯』ミネルヴァ書房。

飯浜浩幸（2005）「施設養護と施設形態」北川清一編『児童福祉施設と実践方法　養護原理とソーシャルワーク』中央法規、185-198頁。

池田寛（1985）「被差別部落における教育と文化　漁村部落における青年のライフ・スタイルに関するエスノグラフィー」『大阪大学人間科学部紀要』⑾、247-273頁。

池田寛（2001）『学力と自己概念』解放出版社。

石田賀奈子（2013）「施設養護の実際　日常生活および自立支援」小池由佳・山縣文治編著『社会的養護〔第3版〕』ミネルヴァ書房、98-110頁。

伊藤篤・坂口弥生（2003）「児童養護施設における学生ボランティア活動の実態と期待される役割に関する調査的研究」『子どもの虐待とネグレクト』第5巻第2号、437-445頁。

伊藤嘉余子（2007）『児童養護施設におけるレジデンシャルワーク　施設職員の職場環境とストレス』明石書店。

伊藤嘉余子（2011）「児童養護施設退所児童のアフターケアに関する研究　アンケート調査からの分析」『子ども家庭福祉学』10号、35-45頁。

稲葉昭英（2011）「ひとり親家庭における子どもの教育達成」佐藤嘉倫・尾嶋史章編『現代の階層社会1　格差と多様性』東京大学出版会、239-251頁。

岩田正美（1995）『戦後社会福祉の展開と大都市最底辺』ミネルヴァ書房。

岩田正美（2008）『社会的排除　参加の欠如・不確かな帰属』有斐閣。

内田龍史（2011）「児童養護施設生活者／経験者のアイデンティティ問題」西田芳正編著『児童養護施設と社会的排除　家族依存社会の臨界』解放出版社、158-177頁。

内田良（2009）『「児童虐待」へのまなざし　社会現象はどう語られるのか』世界思想社。

上野加代子（1996）『児童虐待の社会学』世界思想社。

梅木幹司・福田みのり・西本佳代（2014）「児童養護施設退所者の大学進学後における困難」『山口福祉文化大学研究紀要』8号、89-99頁。

江口英一（1979）『現代の「低所得階層」』上・中・下、未来社。

小内透（2005）『教育と不平等の社会理論　再生産論をこえて』東信堂。

大阪市（2012）「施設退所児童支援のための実態調査報告書」

大阪市児童福祉施設連盟養育指標研究会（2010）「今、施設で暮らす子どもの意識調査：10年を経て　児童養護施設、情緒障害児短期治療施設、児童自立支援施設の10年」

大阪市社会福祉審議会（2010）「大阪市における社会的養護関係施設等のあり方について（提言）」

太田敬志・木全和巳・中井良次・鎧塚理恵（〝人間と性〟教育研究協議会児童養護施設サークル）編（2005）『子どもたちと育みあうセクシュアリティ―児童養護施設での性と生の支援実践』クリエイツかもがわ。

大塚類（2011）「他者とともに暮らす」中田基昭編著『家族と暮らせない子どもたち　児童福祉施設からの再出発』新曜社、57-90頁。

大橋真平（2008）「子どもの経験の不平等」『教育福祉研究』第14号、1-14頁。

小笠原裕次（1975）「養護問題と社会的養護」一番ヶ瀬康子・小笠原裕次編『養護問題の今日と明日』ドメス出版、7-22頁。

岡本眞幸（2000）「児童養護施設職員の職場定着に関わる施設の労働体制上の問題点　施設最低基準等の政策レベルの問題と個々の施設レベルの問題に着目して」『横浜女子短期大学紀要』15、1-12頁。

小川利夫（1983）「養護施設と学校のあり方　当面する二、三の問題をめぐって」『季刊児童養護』第14号1巻、全国社会福祉協議会全国児童養護施設協議会、17-21頁。

小川利夫・村岡末広・長谷川真人・高橋正教編（1983）『ぼくたちの15歳　養護施設児童の高校進学問題』ミネルヴァ書房。

片田孫朝日（2014）『男子の権力』京都大学学術出版会。

加藤尚子（2012）「児童養護施設と施設心理士」加藤尚子編『施設心理士という仕事　児童養護施設と児童虐待への心理的アプローチ』ミネルヴァ書房、1-36頁。

釜ヶ崎支援機構・大阪市立大学大学院創造都市研究科（2008）「若年不安定就労・不安定住所者聞き取り調査」報告書。

苅谷剛彦（1995）『大衆教育社会のゆくえ　学歴主義と平等神話の戦後史』中公新書。

苅谷剛彦（2012）『学力と階層』朝日文庫。

苅谷剛彦・志水宏吉編（2004）『学力の社会学　調査が示す学力の変化と学習の課題』岩波書店。

川松亮（2009）「児童相談所から見る子ども虐待と貧困　虐待ハイリスク要因としての家庭の経済的困難」子どもの貧困白書編集委員会編『子どもの貧困白書』明石書店、233-236頁。

神原文子（2014）『子づれシングルと子どもたち　ひとり親家庭で育つ子どもたちの生活実態』明石書店。

木全和巳（1996）「子どもの権利保障と施設職員　「子どもの権利条約」時代の「生活施設」職員の「働き方」」浅倉恵

一・峰島厚編著『「子どもの権利条約」時代の児童福祉② 子どもの生活と施設』ミネルヴァ書房、156-168頁。

木全和巳（2005）「男のくせに泣くんじゃない！ 多様な性とジェンダーについて考えよう①」〝人間と性〟教育研究協議会児童養護施設サークル編『子どもたちと育みあうセクシュアリティ 児童養護施設での性と生の支援実践』クリエイツかもがわ、94頁。

木全和巳・吉村譲・堀場純矢・安形元伸編著（2010）『児童養護施設でくらす「発達障害」の子どもたち 理解と支援への手掛かり』福村出版。

久冨善之編（1993）『豊かさの底辺を生きる 学校システムと弱者の再生産』青木書店。

黒田邦夫（2009）「児童養護施設に何が起きているのか 被虐待児の増加と求められる職員像」浅井春夫・金澤誠一編『福祉・保育の現場の貧困 人間の安全保障を求めて』明石書店、106-119頁。

小池由佳（2013）「社会的養護の体系 家庭・施設・里親」小池由佳・山縣文治編著『社会的養護［第3版］』ミネルヴァ書房、56-64頁。

厚生省児童家庭局（1989）「養護児童等実態調査結果の概要（昭和62年10月1日現在）」

厚生統計協会（1989）『厚生の指標』第36巻第4号、38-52頁。

厚生労働省（2011a）「平成23年度 社会的養護の施設整備状況調査集計結果」

厚生労働省（2011b）「社会的養護の課題と将来像」

厚生労働省（2012）「社会保障審議会児童部会社会的養護専門委員会 第14回議事次第」

厚生労働省（2014）「平成25年 国民生活基礎調査の概況」

厚生労働省（2017）「新しい社会的養育ビジョン」

厚生労働省（2018）「児童養護施設等に入所する子ども間の性的暴力等の事案への対応について」

厚生労働省（2019）「平成30年社会福祉施設等調査の概況」

厚生労働省（2020）「2019年　国民生活基礎調査の概況」
厚生労働省子ども家庭局家庭福祉課（2021）「社会的養育の推進に向けて（令和3年5月）」
厚生労働省子ども家庭局・厚生労働省社会援護局障害保健福祉部（2020）「児童養護施設入所児童等調査結果（平成30年2月1日現在）」
古賀正義（1998）「対話的多声的方法の一様式として　エスノグラフィーの新たな可能性」志水宏吉編著『教育のエスノグラフィー　学校現場のいま』嵯峨野書院、100-120頁。
小杉礼子編（2005）『フリーターとニート』勁草書房。
『子どもが語る施設の暮らし』編集委員会編（2003）『子どもが語る施設の暮らし　2』明石書店。
子どもの虹情報研修センター（2009）「被虐待児の援助に関わる学校と児童養護施設の連携」平成21年度研究報告書（研究代表 保坂亨）
子どもの虹情報研修センター（2010）「被虐待児の援助に関わる学校と児童養護施設の連携（第2報）」平成22年度研究報告書（研究代表 保坂亨）
子どもの虹情報研修センター（2011）「被虐待児の援助に関わる学校と児童養護施設の連携（第3報）」平成23年度研究報告書（研究代表 保坂亨）
子どもの虹情報研修センター（2012）「被虐待児の援助に関わる学校と児童養護施設の連携（第4報）」平成24年度研究報告書（研究代表 保坂亨）
小西祐馬（2003）「貧困と子ども」青木紀編著『現代日本の「見えない」貧困―生活保護受給母子世帯の現実』明石書店、85-109頁。
埼玉県福祉部子ども安全課（2013）「埼玉県における児童養護施設等退所者への実態調査報告書」
斉藤美江子（2003）「学習支援と子どもの余暇へのかかわり」鈴木力編著『児童養護実践の新たな地平　子どもの自立

支援と権利擁護を実現するために』川島書店、105-119頁。

酒井朗（1997）「文化としての『指導／teaching』教育研究におけるエスノグラフィーの可能性」平山満義編『質的研究法による授業研究　教育学／教育工学／心理学からのアプローチ』北大路書房、86-103頁。

酒井朗（1998）「多忙問題をめぐる教師文化の今日的様相」志水宏吉編『教育のエスノグラフィー　学校現場のいま』嵯峨野書院、223-250頁。

酒井朗（2014）「教育臨床社会学の可能性」勁草書房。

榊原裕進・長島大介・大村美樹（2005）「児童養護施設における学習指導の考察　我が施設での改革への取り組み」『児童研究』第84巻、90-98頁。

桜井厚（2005）『境界文化のライフストーリー』せりか書房。

『施設で育った子どもたちの語り』編集委員会編（2012）『施設で育った子どもたちの語り』明石書店。

塩田規子（2010）「児童養護施設での性教育　現場を取り巻く性課題に関する諸相」全国児童養護施設協議会『季刊児童養護』Vol. 41、No. 4、30-33頁。

静岡県児童養護施設協議会（2012）「静岡県における児童養護施設退所者への実態調査報告書」

児童養護研究会編（1994）『養護施設と子どもたち』朱鷺書房。

志水宏吉（1985）「『新しい教育社会学』その後　解釈的アプローチの再評価」『教育社会学研究』第40集、193-207頁。

志水宏吉（1991）「学力はどうつくられるか／学習指導」志水宏吉・徳田耕造編『よみがえれ公立中学校　尼崎市立「南」中学校のエスノグラフィー』有信堂、118-139頁。

志水宏吉（2002）「学校世界の多文化化」宮島喬・加納弘勝編『国際社会2　変容する日本社会と文化』東京大学出版会、69-92頁。

志水宏吉（2003）『公立小学校の挑戦　「力のある学校」とはなにか』岩波書店。

志水宏吉（2005）「エスノグラフィー　私と世界との対話」秋田喜代美・恒吉僚子・佐藤学編『教育研究のメソドロジー―学校参加型マインドへのいざない』東京大学出版会、139‐162頁。

志水宏吉編（2009）『「力のある学校」の探究』大阪大学出版会。

志水宏吉・伊佐夏実・知念渉・芝野淳一（2014）『調査報告「学力格差」の実態』岩波書店。

志水宏吉・清水睦美編著（2001）『ニューカマーと教育―学校文化とエスニシティの葛藤をめぐって』明石書店。

社会的排除リスク調査チーム（2012）「社会的排除にいたるプロセス　若年・ケーススタディから見る排除の過程」

杉山登志郎・海野千畝子（2009）「児童養護施設における施設内性的被害加害の現状と課題」『子どもの虐待とネグレクト』第11巻第2号、日本子ども虐待防止学会、172‐181頁。

住田正樹（1995）『子どもの仲間集団の研究』九州大学出版会。

全国児童養護問題研究会編集委員会編（2009）『児童養護と青年期の自立支援　進路・進学問題を展望する』ミネルヴァ書房。

全国児童養護問題研究会　日本の児童養護と養問研半世紀の歩み編纂委員会編（2017）『日本の児童養護と養問研半世紀の歩み　未来の夢語れば』福村出版。

全国児童養護施設協議会（2006）「平成17年度児童養護施設入所児童の進路に関する調査報告書」

全国児童養護施設協議会（2018）「平成29年度児童養護施設入所児童の進路に関する調査報告書」

全国社会福祉協議会（2009）「子どもの育みの本質　社会養護を必要とする児童の発達・養育過程におけるケアと自立支援の拡充のための調査研究事業 調査研究報告書」

多賀太・山口季音・狩野博美・吉田由似（2012）「児童養護施設における暴力の実態　A県管轄下の全施設調査から」『関西大学人権問題研究室紀要』第63号、99‐124頁。

高口明久編（1993）『養護施設入園児童の教育と進路』多賀出版。

田澤薫（2003）「児童の施設養護で問われる性別の暮らし」根村直美編『ジェンダーで読む健康／セクシュアリティ健康とジェンダーⅡ』明石書店、179-191頁。

田中恵美子（2009）『障害者の「自立生活」と生活の資源　多様で個別なその世界』生活書院。

田中理絵（2004）『家族崩壊と子どものスティグマ　家族崩壊後の子どもの社会化研究』九州大学出版会。

谷口由希子（2011）『児童養護施設の子どもたちの生活過程　子どもたちはなぜ排除状態から抜け出せないのか』明石書店。

知念渉（2013）「非行系青少年支援における『男性性』の活用　文化実践に埋め込まれたリテラシーに着目して」『部落解放研究』№199、41-52頁。

知念渉（2018）『〈ヤンチャな子ら〉のエスノグラフィー　ヤンキーの生活世界を描き出す』青弓社。

津崎哲雄（2009）『この国の子どもたち　要保護児童社会的養護の日本的構築　大人の既得権益と子どもの福祉』日本加除出版。

土田陽子（2008）「男の子の多様性を考える　周辺化されがちな男子生徒の存在に着目して」木村涼子・古久保さくら編著『ジェンダーで考える教育の現在　フェミニズム教育学をめざして』解放出版社、62-77頁。

土屋敦（2014）『はじき出された子どもたち　社会的養護児童と「家庭」概念の歴史社会学』勁草書房。

坪井瞳（2013）「児童養護施設の子どもの進路動向と学習支援の現状」酒井朗研究代表『「学校に行かない」子どもの教育権保障をめぐる教育臨床社会学研究』平成22-24年度科学研究費補助金 基盤研究（C） 研究成果報告書、75-98頁。

坪井瞳（2017）「児童養護施設の就学前教育機関利用をめぐる諸相　「児童養護施設の幼児の生活実態調査・2015」の分析を通して」『子ども社会研究』第23号、87-110頁。

坪井瞳（2020）「施設の子どもの教育問題　子ども間教育格差」元森絵里子・南出和余・高橋靖幸編『子どもへの視角

―新しい子ども社会研究』新曜社、105-122頁。

坪井裕子（2005）「Child Behavior Checklist/4-18（CBCL）による被虐待児の行動と情緒の特徴　児童養護施設における調査の検討」『教育心理学研究』53⑴、110-121頁。

妻木進吾（2005）「本当に不利な立場に置かれた若者たち―フリーターの折出に見られる不平等の世代間再生産」部落解放・人権研究所編『排除される若者たち　フリーターと不平等の再生産』解放出版社、24-65頁。

妻木進吾（2011）「児童養護施設経験者の学校から職業への移行過程と職業生活」西田芳正編著『児童養護施設と社会的排除』解放出版社、133-155頁。

東京都福祉保健局（2011）「東京都における児童養護施設等退所者へのアンケート調査報告書」

藤間公太（2017）『代替的養育の社会学　施設養護から〈脱家族化〉を問う』晃洋書房。

土肥伊都子（2004）「「男女の思い込み」をつくる心のしくみ」青野篤子・森永康子・土肥伊都子『ジェンダーの心理学「男女の思いこみ」を科学する　改訂版』ミネルヴァ書房、25-47頁。

内閣府（2009）『平成24年版　子ども・若者白書』

内閣府（2014）「子供の貧困対策に関する大綱　全ての子供たちが夢と希望を持って成長していける社会の実現を目指して」

内閣府（2019）「子供の貧困対策に関する大綱　日本の将来を担う子供たちを誰一人取り残すことがない社会に向けて」

内藤朝雄（2001）『いじめの社会理論　その生態学的秩序の生成と解体』柏書房。

長瀬正子（2011a）「児童養護施設での生活」西田芳正編『児童養護施設と社会的排除　家族依存社会の臨界』解放出版社、40-71頁。

長瀬正子（2011b）「高学歴達成を可能にした条件　大学等進学者の語りから」西田芳正編著『児童養護施設と社会的排除　家族依存社会の臨界』解放出版社、113-132頁。

永野咲（2012）「児童養護施設で生活する子どもの大学等進学に関する研究　児童養護施設経験者へのインタビュー調査から」『社会福祉学』52(4)、28-40頁。

永野咲（2017）『社会的養護のもとで育つ若者の「ライフチャンス」　選択肢とつながりの保障、「生の不安定さ」からの解放を求めて』明石書店。

永野咲・有村大士（2014）「社会的養護措置解除後の生活実態とデプリベーション」『社会福祉学』Vol. 54(4)、28-40頁。

西田芳正（1996）「生活文化の継承と変容」部落解放研究所編『地域の教育改革と学力保障』解放出版社、198-241頁。

西田芳正（2011）「家族依存社会、社会的排除と児童養護施設」西田芳正編著『児童養護施設と社会的排除　家族依存社会の臨界』解放出版社、198-206頁。

西田芳正（2012）『排除する社会、排除に抗する学校』大阪大学出版会。

西田芳正編著（2011）『児童養護施設と社会的排除　家族依存社会の臨界』解放出版社。

西本佳代（2015）「児童養護施設入所経験者の大学生活」『子ども社会研究』第21号、203-219頁。

西本佳代（2018）「教育学の視点から捉える社会的養護」『子ども社会研究』第24号、197-212頁。

長谷川裕（2014）「〈格差・貧困と教育〉の現状と研究動向」長谷川裕編著『格差社会における家族の生活・子育て・教育と新たな困難─低所得者集住地域の実態調査から』旬報社、14-42頁。

長谷川裕編著（2014）『格差社会における家族の生活・子育て・教育と新たな困難─低所得者集住地域の実態調査から』旬報社。

長谷川眞人編著（2009）『地域小規模児童養護施設の現状と課題』福村出版。

林明子（2016）『生活保護世帯の子どものライフストーリー　貧困の世代的再生産』勁草書房。

原史子（2005）「児童養護施設入所児童の家族的背景と家族への支援（1）」『金城学院大学論集　社会科学編』、47-66頁。

Human Rights Watch（2004）「夢がもてない　日本における社会的養護下の子どもたち」https://www.hrw.org/sites/default/files/reports/japan0514ja_ForUpload_0.pdf（2021.4.1Access）。

藤田由美子（2004）「幼児期における「ジェンダー形成」再考」『教育社会学研究』第74集、３２９－３４８頁。

藤本典裕・制度研（2009）『学校から見える子どもの貧困』大月書店。

部落解放研究所編（1996）『地域の教育改革と学力保障』解放出版社。

部落解放・人権研究所編（2005）『排除される若者たち　フリーターと不平等の再生産』解放出版社。

ブリッジフォースマイル（2018）「全国児童養護施設２０１８　社会的自立に向けた支援に関する調査」

宝月誠（1980）『暴力の社会学』世界思想社。

保坂渉・池谷孝司（2012）『ルポ　子どもの貧困連鎖　教育現場のＳＯＳを追って』光文社。

堀場純矢（2007）「児童養護の労働と職場民主化の課題」長谷川眞人・堀場純矢編著『児童養護施設の援助実践』三学出版、２４０－２６１頁。

堀場純矢（2013）『階層性からみた現代日本の児童養護問題』明石書店。

堀文治（1955）「施設児童の養護理論」『社会事業』38⑶、13－20頁。

本田由紀（2005）『多元化する「能力」と日本社会　ハイパー・メリトクラシー化のなかで』ＮＴＴ出版。

増淵千保美（2008）『児童養護問題の構造とその対策体系　児童福祉の位置と役割』高菅出版。

松本伊智朗（1987）「養護施設卒園者の『生活構造』『貧困』の固定的性格に関する一考察」『北海道大学教育学部紀要』第49号、43－１１９頁。

松本伊智朗（2008）「貧困の再発見と子ども」浅井春夫・松本伊智朗・湯澤直美編『子どもの貧困　子ども時代のしあわせ平等のために』明石書店、14－61頁。

松本伊智朗（2013）「教育は子どもの貧困対策の切り札か？　―特集の趣旨と論点」貧困研究会編『貧困研究』Vol. 11、

明石書店、4-9頁。

丸山浩一（2009）「児童虐待相談のケース分析等に関する調査研究［報告書概要］」（平成20年度　児童関連サービス調査研究等事業報告書）子ども未来財団。

三品拓人（2019）「児童養護施設における子ども間の身体的な暴力の社会学的検討　施設内における「男子性」の凝縮に着目して」『フォーラム現代社会学』第18号、74-87頁。

耳塚寛明（2014）「学力格差の社会学」耳塚寛明編『教育格差の社会学』有斐閣、1-24頁。

宮島敏（2004）「社会福祉系職員集団の力量形成と学習組織」日本社会教育学会編『成人の学習』（日本の社会教育　第48集）、214-227頁。

宮本みち子（2002）『若者が《社会的弱者》に転落する』洋泉社。

宮本みち子（2005）「家庭環境から見る」小杉礼子編『フリーターとニート』勁草書房、145-197頁。

武藤素明編著（2012）『施設・里親から巣立った子どもたちの自立　社会的養護の今』福村出版。

村松健司（2018）『施設で暮らす子どもの学校教育支援ネットワーク「施設─学校」連携・協働による困難を抱えた子どもとの関係づくりと教育保障』福村出版。

森繁男（1985）「幼児教育とジェンダー構成」竹内洋・徳岡秀雄編『教育現象の社会学』世界思想社。

森田喜治（2006）『児童養護施設と被虐待児　施設内心理療法家からの提言』創元社。

盛満弥生（2011）「学校における貧困の表れとその不可視化　生活保護世帯出身生徒の学校生活を事例に」『教育社会学研究』第88集、273-294頁。

文部科学省（2006）「平成17年度　児童生徒の問題行動等生徒指導上の諸問題に関する調査」

文部科学省（2014）「学生の中途退学や休学等の状況について」

文部科学省（2018）「平成29年度　児童生徒の問題行動・不登校等生徒指導上の諸課題に関する調査」

山縣文治（1989）「児童養護におけるリービング・ケア」『ソーシャルワーク研究』15(1)、44-50頁。

山縣文治（2007）「社会的養護システム変革と児童養護施設の地域化・小規模化」山縣文治・林浩康編著『社会的養護の現状と近未来』明石書店、96-112頁。

山縣文治（2008）「自立支援とリービングケア」東京都社会福祉協議会児童部会リービングケア委員会編『Leaving Care　児童養護施設職員のための自立支援ハンドブック』東京都社会福祉協議会児童部会、1-2頁。

山縣文治（2010）「児童養護の基礎概念」山縣文治・林浩康編『やわらかアカデミズム・〈わかる〉シリーズ　よくわかる養護原理［第4版］』ミネルヴァ書房、2-3頁。

山縣文治（2012）「社会的養護と自立支援」武藤素明編『施設・里親から巣立った子どもたちの自立　社会的養護の今』福村出版、122-147頁。

山口季音（2013a）「『男らしさ・女らしさ』の伝達を考える　児童養護施設職員の実践を通して」『月刊ヒューマンライツ』部落解放・人権研究所、第299号、54-59頁。

山口季音（2013b）「児童養護施設の児童集団における暴力と仲間文化　施設でのフィールドワークから」『子ども社会研究』第19号、77-89頁。

山口季音（2014）「児童養護施設職員の職場での意識変容に関する考察　成人学習論を手がかりにして」『教育科学セミナリー』第45号、29-39頁。

山田勝美（2002）「児童養護施設における虐待を受けた子どもへの自立支援　施設職員にとっての『自立』と『自立支援』」村井美紀・小林英義編著『虐待を受けた子どもへの自立支援　福祉実践からの提言』中央法規、43-69頁。

山﨑鎮親（2014）「教師からみる子どもたちの学校体験　「他者化」の視線を中心に」長谷川裕編著『格差社会における家族の生活・子育て・教育と新たな困難　低所得者集住地域の実態調査から』旬報社、324-362頁。

山野良一（2006）「児童虐待は「こころ」の問題か」上野加代子編著『児童虐待のポリティクス　「こころ」の問題から

「社会」の問題へ』明石書店、53-99頁。

山野良一（2008）『子どもの最貧国・日本　学力・心身・社会におよぶ諸影響』光文社。

山野良一（2017）「母子世帯と子どもへの虐待　抑うつの分析も含め」『社会保障研究』Vol. 2、No. 1、45-59頁。

山村賢明（1985）「教育社会学の研究方法　解釈的アプローチについての覚え書き」柴野昌山編『教育社会学を学ぶ人のために　教育社会学の方向をさぐる』世界思想社、43-59頁。

山本佳代子（2007）「児童養護施設における学習支援に関する一考察」『山口県立大学社会福祉部紀要』第13号、53-63頁。

湯澤直美（1999）「児童福祉にみる家族と教育の現在　児童養護施設・児童自立支援施設の進路問題」渡辺秀樹編『変容する家族と子ども　家族は子どもにとっての資源か』教育出版、126-151頁。

湯澤直美（2009）「貧困の世代的再生産と子育て　ある母・子のライフヒストリーからの考察」『家族社会学研究』21(1)、45-56頁。

欧文文献

Askew, S. & Ross, C.（1988）*Boys Don't Cry: Boys and Sexism in Education*, Open Unversity Press.（＝1997、堀内かおる訳『男の子は泣かない　学校でつくられる男らしさとジェンダー差別解消プログラム』金子書房。）
Barter, C., Renold, E., Berridge, D., Pat, C., 2004, Peer Violence in Children's Residential Care, Palgrave Macmillan（＝2009、岩崎浩三訳『児童の施設養護における仲間による暴力』筒井書房。）
Clough, R.（2000）*The Practice or Residential Work*, Macmilan Press.（＝2002、杉本敏夫訳『これからの施設福祉を考える　レジデンシャルワークの理論と実際』Kumi。）
Cohen, A. K.（1955）*Delinquent Boys*, The Free Press.
Duncan, G. J., and Brooks-Gunn, J.（ed）（1997）*Consequences of Growing Up Poor*, Russell Sage Foundation.

Edmonds, R.（1979）'Effective Schools for the Urban Poor', *Educational Leadreship*, Vol.37, No.1：15–24.

Emerson, R. M., R. I. Fretz & L. L. Shaw（1995）*Writing Ethnographic Fieldnotes*, The University of Chicago Press.（＝1998，佐藤郁哉・好井裕明・山田富秋訳『方法としてのフィールドノート――現地取材から物語り作成まで』新曜社。）

Fetterman, D. M.（2009）*Ethnography: Step-by-Step*, 3rd ed., Sage.

Flick, U.（2009）*An Introduction to Qualitative Research* Edition4, SAGE.（＝2011，小田博志監訳『質的研究入門 〈人間の科学〉のための方法論』春秋社。）

Goffman, E.（1961）*Asylums: Essays on the Social Situation of Mental Patientsand Other Inmates*, Doubleday.（＝1984，石黒毅訳『アサイラム 施設収容者の日常世界』誠信書房。）

Goodman, R.（2000）*Children of the Japanese State: The Changing Role of Child Protection Institutions in Contemporary Japan*, Oxford University Press.（＝2006，津崎哲雄訳『日本の児童養護 児童養護学への招待』明石書店。）

Karabel, J. & A. H. Halsey（eds.）（1977）*Power and ideology in education*, Oxford University Press.（＝1980，『教育と社会変動 教育社会学のパラダイム展開』上，潮木守一ほか編訳，東京大学出版会。）

Lareau, A.（2011）*Unequal Childhoods: Class, Race, and Family Life*, 2ed, University of California Press.

Lewis, O.（1959）*Five Familiies: Mexican Case Studies in the Culture of Poverty*, Basic Books Inc.（＝1985，高山智博・染谷臣道・宮本勝訳『貧困の文化 メキシコの〈五つの家族〉』思索社。）

Lister, R.（2004）*poverty*, polity.（＝2011，松本伊智朗監訳『貧困とは何か 概念・言説・ポリティクス』明石書店。）

Merton, R. K.（1949）*Social Theory and Social Structure*, The Free Press.（＝1961，森東吾・森好夫・金沢実・中島竜太郎共訳『社会理論と社会構造』みすず書房。）

OECD（2008）*Growing Unequal?: Income Distribution and Poverty in OECD Countries*.

Ridge, T.（2002）*Childhood Poverty and Social Exclusion*, The Policy Press.（＝2010，渡辺雅男監訳『子どもの貧困と社

会的排除』桜井書店。）
Sen, A.（1981）Poverty and Famines: Am Essay on Entitlement and Deprivation, Clarendon Press Oxford.（＝2000，黒崎卓・山崎幸治訳『貧困と飢饉』岩波書店。）
Sen, A.（1983）Poor, relatively speaking, Oxford Economic papers, 35：153-169.
Simmons, R.（2002）*Odd Girl Out: The Hidden Culture of Aggeression in Girls*, Harcourt.（＝2003，鈴木淑美訳『女の子どうしって，ややこしい！』草思社。）
Smith, A.（1776）*The Wealth of Nations*, Book5.（＝1973，大内兵衛・松川七郎訳『諸国民の富』岩波文庫。）
Thorne, B.（1993）*Gender Play: Girls and Boys in School*, Rutgers University Press.
Townsend, P.（1974）“Poverty as relative deprivation: resoureces and style of living” D. Wedderburn（ed.）, *Poverty, Inequality, and Class Structure*, Cambridge University Press, 15-41.（＝1977，高山武志訳「相対的収奪としての貧困　生活資源と生活様式」『イギリスにおける貧困の論理』光生館，19-54頁。）
Townsend, P.（1975）*Poverty in the United Kingdom: A Survey of Household Resource and Standard of Living*, Penguin Books.

あとがき

本書は、2015年3月、関西大学大学院文学研究科より博士（文学）の学位を授与された博士論文を、大幅に加筆・修正したものである。以下、本書が完成するまで私を支えて下さった方々に感謝を申し上げたい。

まず、水原園のみなさまに感謝申し上げたい。主任の坂本さんをはじめ職員の方々は、部外者の私を慌ただしいなかで快く受け入れてくださった。また、職員の方々にも、子どもたちにも、いろいろなことを教えていただいた。

「なあ、俺が卒業するまでは来てな?」――フィールドワーク当初、水原園のある男の子から言われた言葉である。彼は小学校4年生だったため、卒業まで3年だった。深い意味があったのか、なんとなく言っただけなのか、私にはわからなかったが、「いいよ」と返したことがフィールドノートに記録されている。

ところが、3年経つ前に、彼の方が先に水原園を去った。措置解除され、家庭復帰になったと後で聞いた。突然の話で、彼が去ることも直前になるまで知らなかった。たまたま他の子どもに「兄ちゃん、会わないの？」と言われ、彼がいなくなることを知った。寂しいと思う前のお別れであった。そのとき初めて、児童養護施設の生活の内側を垣間見た思いだった。

それから、私は水原園でのボランティア活動を、彼と約束した3年間で終えた。約束をめどにしたわけではなく、研究活動や非常勤講師の仕事のため、ボランティア活動に割く時間が取れなくなっていたからである。その後、長い時間がかかってしまったが、こうして調査の成果をまとめることができ、ほっとしている。

次に、博士論文の審査をお引き受け下さった関西大学の多賀太先生、赤尾勝己先生、山縣文治先生に御礼を申し上げたい。指導教員であった多賀先生には、先生が当時勤めておられた久留米大学の大学院に進学してから現在に至るまで、数多くのご指導を賜った。私が新潟国際情報大学の研究生だった頃、とある大学でのゲスト講演を終えた先生に卒業論文を渡した出会いからもう15年である。私は我が強く、違和感があれば自分に得があることでも絶対に動かないタイプで、多賀先生にも「頑固」と呆れられている。先生が私のことを思っての助言を何度台無しにしたかわからない。こんな扱いにくい私を、先生は否定せず、私の本質を変えないまま研究者へと導いて下さった。赤尾先生には、関西大学のなかで折に触れて貴重なアドバイスをいただいた。山縣先生には、学会を通して社会福祉の観点から重要なご指摘をいただき、また、本書の帯文を執筆していただいた。審査会や、その後に多くの助言をいただいたが、本書にそのすべてを反映することはできなかった。ひとえに私の力不足である。

関西大学大学院文学研究科、久留米大学大学院比較文化研究科、新潟国際情報大学情報文化学部（当時）の先生方。とくに、新潟国際情報大学での指導教員であった矢口裕子先生には、多賀先生と私をつないでいただき、研究の道を開いて下さった。

大阪大学大学院人間科学研究科の木村涼子先生には、大学院生とのつながりでゼミに参加させていただき、何度も有意義なコメントをいただいた。

また、研究会や読書会を通じて巡り合った人たちにも支えられた。寺町晋哉さん（宮崎公立大学）、知念渉さん（神田外語大学）は、福岡から大阪に来たばかりの私に、多くのつながりを作ってくれた。ほかにも、多賀ゼミのみなさま、西日本教育社会学研究会のみなさま、日本子ども社会学会のテーマセッション「子どもと社会的養護」をきっかけに集まった社会的養護研究会のみなさま、児童養護施設職員の勉強会を通して交流させていただいているみなさまなど、いろいろな場所を巡ってきたおかげで、ここに記したい人々は数多い。収拾がつかなくなりそうなので、ここまでとしたい。

学文社編集部の落合絵理さんには、本書の刊行にあたり、たいへんお世話になった。筆者が多忙にかまけ、執筆に集中できない日々が続いたために、ひどく時間をかけることになってしまった。遅々として執筆が進まないなか、辛抱強く待っていただいたことに心から感謝申し上げたい。

最後に、家族と地元の友人に感謝を。勉学に興味がなく、高校中退を決めていた自分が留まったのは、当時の人間関係が大きかった。研究者の道に進んだことを極端過ぎると笑われている気もするが、そうした経験から感じているのは、誰もが多様な選択肢があることを知り、挑戦する機会が保障された社会であってほしい、ということである。家庭の状況に左右されず、子どもたちが多くの可能性に出会い、自分の進みたい道を進める社会になることを願う。

本研究は、JSPS 科研費（課題番号：16K17431、19K14140）による研究成果の一部である。

山口　季音

２０２１年５月

初出一覧

序　章　書き下ろし

第1章　書き下ろし

第2章　書き下ろし

第3章　書き下ろし

第4章　多賀太・山口季音・狩野博美・吉田由似（2012）「児童養護施設における暴力の実態　A県管轄下の全施設調査から」『関西大学人権問題研究室紀要』第63号　99-124を改稿。

第5章　山口季音（2013）「児童養護施設の児童集団における暴力と仲間文化　施設でのフィールドワークから」『子ども社会研究』第19号　77-89を改稿。

山口季音（2018）「児童養護施設職員の文脈依存的な学習支援　九州教育社会学会第55回研究集会（九州教育学会第66回大会ラウンドテーブルI報告）」『九州教育社会学会研究紀要』第3号　27-39を改稿。

第6章　山口季音（2014）「児童養護施設職員の職場での意識変容に関する考察　成人学習論を手がかりにして」『教育科学セミナリー』第45号　29-39を改稿。

山口季音（2013）「『男らしさ・女らしさ』の伝達を考える　児童養護施設職員の実践を通して」『月刊ヒューマンライツ』部落解放・人権研究所、第299号　54-59を改稿。

第7章　書き下ろし

た行

な行

は行

索　引

【著者紹介】

山口　季音(やまぐち　きおと)
1983 年　神奈川県生まれ
2015 年　関西大学大学院文学研究科博士課程後期課程修了
至誠館大学ライフデザイン学部講師を経て、現在、至誠館大学現代社会学部准教授／博士(文学)
専攻は、教育社会学、子ども社会学

主　著

『よくわかる家庭支援論　第 2 版』(分担執筆)ミネルヴァ書房、2015 年
『保育と社会福祉　第 3 版』(分担執筆)みらい、2019 年
『児童相談所の役割と課題』(分担執筆)東京大学出版会、2020 年

児童養護施設の生活環境のダイナミクス
—家庭で暮らせない子どもの育ちと職員の実践—

2021年 7 月30日　第一版第一刷発行

著　者　山口季音

発行者　田中　千津子
発行所　株式会社　学 文 社
〒153-0064　東京都目黒区下目黒3-6-1
電話　03（3715）1501 ㈹
FAX　03（3715）2012
https://www.gakubunsha.com

印刷所　新灯印刷

ISBN978-4-7620-3094-9